ORENDEL

VON

HANS STEINGER

MAX NIEMEYER VERLAG / HALLE/SAALE

1935

Altdeutsche Textbibliothek, begründet von H. Paul †,
herausgegeben von G. Baesecke
nr. 36

Druck von C. Schulze & Co., G. m. b. H., Gräfenhainichen

Ausgaben und Überlieferung.

Das Orendelepos ist bereits dreimal herausgegeben:

> Der ungenähte graue Rock Christi: wie König
> Orendel von Trier ihn erwirbt, darin Frau Breiden
> und das heilige Grab gewinnt, und ihn nach
> Trier bringt. Altdeutsches Gedicht, aus der
> einzigen Handschrift, mit Vergleichung des alten
> Drucks, herausgegeben von Friedr. Heinr. von
> der Hagen. Berlin 1844.

Im wesentlichen ein Abdruck der heute nicht
mehr vorhandenen Handschrift und als solcher
wertvoll.

> Orendel und Bride, eine Rune des deutschen
> Heidenthums, umgedichtet im zwölften Jahr-
> hundert zu einem befreiten Jerusalem. Heraus-
> gegeben von Ludwig Ettmüller. Zürich 1858.

Trotz wertvoller Besserungen mehr eine Um-
dichtung als eine Ausgabe.

> Orendel. Ein deutsches Spielmannsgedicht mit
> Einleitung und Anmerkungen herausgegeben von
> Arnold E. Berger. Bonn 1888.

Die erste kritische Ausgabe mit Berücksichtigung
der Prosaauflösung, vorsichtig, aber weder sprachlich
noch im Wortlaut befriedigend.

Dem Herausgeber sind unübersteigbare Schranken
gezogen, die Überlieferung ist dürftig und unzuver-
lässig.

H, die einzige Handschrift, trug die Unterschrift
1477, sie ist im Jahre 1870 in der Stadtbibliothek
zu Straßburg verbrannt. Eine kurze Beschreibung

bietet v. d. Hagen S. XXIII. Eine Abschrift von
H hat Engelhardt am 9. Mai 1818 abgeschlossen,
heute Ms. Germ. 4⁰ 817a der Preußischen Staats-
bibliothek zu Berlin. Ein erneuter Vergleich von
Engelhardts Abschrift mit v. d. Hagens Druck hat
nur wenige bemerkenswerte, aus Bergers Ausgabe
nicht ersichtliche Abweichungen ergeben. Im ganzen
ist die Abschrift zuverlässiger als der Druck. H
fehlen zahlreiche Verse. Die Mundart betrachtet
Berger als elsässisch (S. IX), doch hebt sich eine
Reihe mitteldeutscher Merkmale ab; sie werden,
wenn auch manche im Elsaß möglich sind, der Vor-
lage entnommen sein. Dazu gehört die Senkung
u > o, die anfangs häufiger, später seltener begegnet,
z. B. *konig* (60, 75, 112, 163, 209, 232 u. ö.), *somer*
(93, 1425), *konne : gewonne* (143), *moge* (210, 1623),
wonne (221), *erwonschet* (297), *versoncken* (497, 898),
storm (391), *begorte* (1666), wohl auch *i* für *e*: *hilde*
(427, 884), *lidig* (1530), *nechtin* (2456), *kunigin* (2558),
das durchgehende *u* für *uo*, vielleicht auch die Form
hertzouwe neben *hertzoge* (642, 733, 1165, 2321, 2339
u. ö.), sehr wahrscheinlich der *h*-Ausfall, *schu* (673,
1009, 1012, 1021 u. ö.), *stelen* (730), *siestu* (876, 1029),
geschiet (nach 3207), *geschen* (1490, 2090, 2532), denn
sy statt *sihe* (616) setzt doch wohl *sie* der Vorlage
voraus. Fraglich ist, ob dieser Schicht die Reime
her : schöpffer (13), *mer* (*maere*) : *her* (3310) angehören,
während H sonst *har* bevorzugt; zweifelhaft bleiben
die verderbten *volleichte* (100) und *Engelein : kein* (207).

D, ein Druck. Titel:

Ein hübsche Histori zu lesen von vnsers herrē
rock wie der wunderbarlich einem künig (Orendel
genant) worden ist. Der in gen Trier pracht hat.
vnd da selbst in ein sarch verschlossen. Der
yetz bey kayser Maximilians zeit erfunden ist.

Am Schluß auf der letzten bedruckten Seite:

Ⅽ Getruckt zů Augspurg vonn Hannsen Frosch-
auer Anno dñi .M. ccccc. xij.

Auch D ist nicht ganz vollständig, doch fehlen weniger Verse als in H. Die Mundart ist von Berger ziemlich ausführlich behandelt (S. IV ff.), sie ist oberdeutsch, wesentlich augsburgisch, ohne stärker hervortretende Merkmale. Es herrschen die neuhochdeutschen Diphthonge, oberdeutsch *ai* steht neben *ei* auch in *hailig* und *ain*. Kenntlich sind Spuren einer mitteldeutschen Mundart der Vorlage: *zugangen* (1425), *krapen* (2389), *zůfüre* (3271), *zůfüre* (3351, 3417), *trade* (3528), *endet* (3699). Selbstverständlich fehlten die neuhochdeutschen Diphthonge: *zwiyfel* (732), *auch* statt *eüch* aus *uch* (1590), *sich : reich* (2091). Derselben Stufe mag angehören der Reim *sehen* (*sien*) : *künigin* (2089). An H (*gent = gebent* 1574, 1877) erinnert *ergent* (1522).

P, ein Druck, Prosaauflösung. Titel:

Von dem vntrenlichen vngenåten Rock vnsers herren Jesu christi / den jm sein ausserwelte můter (vnser liebe fraw) die ewig fruchtbar / vñ vnbeflect junckfraw) selbs mit jren keüschen henden gewürckt hat / wie der / ainem alten Juden / von Pylato vnd Herode gegeben ward. Vnd nach vil geschichten / wunderbarlich ainem künig (Arenndel genant) worden ist / der jn gen Trier bracht / vnd daselbst in ain sarch verschlossen / auch yetzo bey vnnsern zeitten / von der gepurt Christi in dem Fünfftzehenhundert vñ zwellfften jare / auff dem grossen Reichstag zu Trier / in gegenwertigkait Råmischer Kaiserlicher maiestat vnsers allergnådigsten herrñ. auch Churfürsten / Fürsten / herrñ vñ anderer Stende des hailigen Reichs erfunden / wie am Ennde diss bůchlins weiter angezaigt vnd erklårt ist.

Auf die Prosaauflösung, die sich bald eng an den Wortlaut der Versvorlage anschließt, bald völlig abweicht, folgen Angaben über Quelle und Zweck der Schrift und den Drucker und ein Bericht über die

Auffindung des Rockes Christi in Trier nebst andern
Heiltümern. Daraus:

> DIe Hystori dises bůchlins / hab ich genōmen
> auß ainem gar alten bůchlin / das fast maisterlich
> vnd mitt grossem fleiss geschriben ist ... Vnd
> damit das dise geschichten nit abfallen auß ge-
> dechtnuß der menschen hab ich Mai. Hannß
> Othmar diß bůchlin wōllen drucken zů lob dem
> Allmåchtigen got / in der Kaiserlichen stat Augs-
> purg bey sant Vrsulen closter am Lech / In dem
> jar do diser Rock zů Trier gefunden ward. ꝛc.
> Do man zalt nach Christi geburt. M. D. Xij.

Eine genauere Beschreibung erübrigt sich, da
von anderer Seite ein vollständiger Abdruck ange-
kündigt ist.

Das Verhältnis von D, H und P zueinander haben
Harkensee (Untersuchungen über das Spielmanns-
gedicht Orendel. Diss. Kiel 1879. S. 3ff.) und Berger
(S. Xff.) zutreffend bestimmt. Eine Zusammen-
fassung mit einigen Ergänzungen ist daher ausreichend.

D und H gehen auf eine gemeinsame Vorlage *U
zurück, deren Mundart war wohl oberdeutsch, oder
sie gehörte dem Gebiet der neuhochdeutschen Diph-
thonge an. V. 864 und 1369 hat ein unaufmerksamer
Schreiber anscheinend ein Adverb *lude* oder *lute* der
Vorlage für das Substantiv *liute* gehalten. Der Fehler
ist D H gemeinsam. Aus Gründen der Textgeschichte
(s. S. XI, XXI) kann *U nicht vor dem 14. Jahrh.
geschrieben sein. Im ganzen verdient D vor H den
Vorzug, das hat schon Wackernagel erkannt (Fund-
gruben I S. 213, Lit.-Gesch. [2] I S. 231 Anm.). H hat
zahlreiche Reime gereinigt oder seiner Mundart und
Zeit angepaßt, bezeichnend sind Bindungen $\hat{a} : \delta$
oder *o* (nach 6, 1012, 1124, 1503, 1646, 2322, 2390,
2514, 2720, 3400), selbst bei abweichenden Konso-
nanten (1995, 2758, 3384), und solche, die Verlust
des tonlosen *e* voraussetzen (11, 56, 483, 599, 603,
657, 810, 3131, 3311, dazu die genannten 1503, 1646,

2390, 2514, 2720, 3400). Aber alles geschieht nur gelegentlich, von einer planmäßigen Bearbeitung ist keine Rede. D bessert die Reime im ganzen seltener, aber noch oft genug (70, 75, 310, 344, 358, 365, 371, 388, 477, 482, 675, 757, 770, 815, 870, 979, 1000, 1096, 1348, 1386, 1472, 1831 ff., 1911, 2090, 2091, 2338, 2401, 2405, 2448, 2501, 2619, 2695, 2805, 2901, 3178, 3251, 3558, 3654, 3774, 3816, 3897, 3898), mit Vorliebe durch Zusatz. Aber wie gering die Anforderungen an den Reim auch in dieser Bearbeitung bleiben, zeigen neue Bindungen wie *lieb* : *hic* (1839, 1859, 3914), *got* : *auch* (3076), *got* : *gab* (3651), sie zeigen auch, daß die Suche nach unreinen Reimen leicht zu weit getrieben werden kann. Durchweg ist das Wort *minne* beseitigt (v. d. Hagen S. XXIV Anm. 1, Vogt ZfdPh. 22 S. 489). Sonst folgt auch D Veraltetem gegenüber keiner festen Regel.

P ist wahrscheinlich nach D gedruckt, sein Titel ist vermutlich eine Erweiterung des Titels von D (vgl. S. IV f.). Doch seine Versvorlage *Z war zuverlässiger als *U, zum mindesten da, wo sie sachlich übereinstimmend berichtet. Was Singer (ZföG. 39 S. 753) dagegen einwendet, ist nicht stichhaltig. Auf einen Fehler in *U, den *Z nicht teilte, gehen anscheinend die Lesarten in D H zurück V. 170 f., 188, 291, 652, 902, 969, 1218—1220, 1537, 1538, 1546, 1593, 1738 ff., 2315, 2574, 2646 ff., 2702 ff., 3579, 3647, 3672, 3765, wohl auch 645, 843, 1176, 1510, 1905, 1918, 2050, 2578, 2857, 3779, 3796. Daraus ergibt sich folgender Stammbaum:

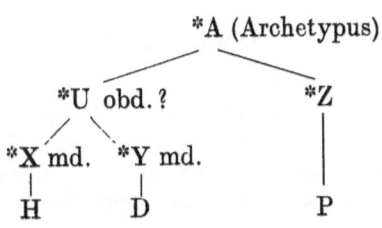

Danach würde P, wo sein Wortlaut der Versvorlage
nahe bleibt, zwischen D und H entscheiden, und
zwar entscheidet er öfter für D als für H, ent-
sprechend dem im ganzen höheren Wert von D.

Bedenken macht V. 3552. Da haben D P einen
Fehler gemein, aber auch H weicht vom Ursprüng-
lichen ab. Sicherheit läßt sich nicht erreichen, aber
Entstellung in *A ist das Wahrscheinlichste, falls
nicht etwa P einen Fehler seiner Vorlage durch Ein-
sicht in D zu beseitigen versucht hat. Dies Verfahren
ist nun auch sonst denkbar, aber das macht den
Stammbaum nicht wertlos. Denn wenn der Ver-
fasser der Prosa, wie es nach seiner Quellenangabe
(s. S. VI) den Anschein hat, von der Güte seiner
Vorlage überzeugt war, so kann der vielfach entstellte
und in offenbarer Eile angefertigte Text des Mit-
bewerbers nicht gerade zur Benutzung verlockt
haben; und leichter als im Versdruck war es in
Prosa, nach eigner Erfindung zu bessern. Wenn
also P doch zwischen D und H in der Regel die Ent-
scheidung überlassen wird, so irrt man damit ver-
mutlich seltener als bei einem anderen Verfahren.
Auf diesem Wege und unter Berücksichtigung der
Formelhaftigkeit der Orendeldichtung läßt sich öfter,
als es Berger gewagt hat, der Wortlaut von *A wieder-
herstellen. Wo das nicht möglich ist, muß man sich
meist mit *U begnügen. Aber auch das ist da nicht
mit genügender Wahrscheinlichkeit erreichbar, wo
D oder H eine Lücke aufweist und P gerade eigene
Wege geht.

Die Sprachform.

*A selbst wird uns sprachlich nicht greifbar, wir
dürfen nur aus der gesamten Textgeschichte vermuten,
daß seine Mundart mitteldeutsch war. Indessen kann
nicht seine etwaige Besonderheit unser Ziel sein,
sondern die dem Orendel von Hause aus eigene,

jedenfalls die letzte erreichbare Sprachform. Das
einzige Mittel, sie zu bestimmen, sind bei der zeitlichen
Entfernung von der vorliegenden Überlieferung, der
Zahl der Zwischenstufen und den mehrfachen Um-
schriften aus einer Mundart in eine andere die Reime.
Sie sind freilich im Orendel bei dem Fehlen sicherer
Regeln und der Formelhaftigkeit eines großen Teils
ein ungleich dürftigeres Hilfsmittel als in der ge-
bildeten Dichtung des 13. Jahrh.

Daß der Orendel ursprünglich für Trier bestimmt
war, ist die herrschende Anschauung, und in der
Tat liegt die Bedeutung Triers für das Gedicht auf
der Hand. Aber der sprachliche Befund zeigt, daß
nicht ausschließlich an einen mittelfränkischen Zu-
hörerkreis gedacht ist. Reime wie *sa(h)s* : *was* (1650,
1730), *entsluzzen* : *geflozzen* (89), *willen* : *wellent* (294),
gewunne : *lone* (908, 938), *lufte* : *kreften* (3452), *kune* :
luwe (1096), *druwen* : *muren* (1570, 1873), *brennen* :
inne (1576, 1879), *bede* : *mide* (3552), *frouwen* : *buwen*
(234), : *druwen* (242, 1819, 1849), die formelhaften
guder : *noden* (383, 485, 698, 814, 1398, 2053, 2832),
schiere : *Jerusaleme* (2404, 2590, 2720, 2876, 3898),
auch *sagen* : *man* (932, 954), *sagt* : *rat* (1258), : *stat*
(1734, 3101) reichen in ihrer Verbreitung über das
mittelfränkische Gebiet hinaus. Auf der anderen
Seite reimt kein Teil des Gedichts eindeutig *dat*,
vielmehr *daz* : *fast* (13), : *ersach* (76), : *gesaz* (1327),
: *was* (2157, 2161, 2181, 3406, 3460), also bis auf
V. 13 eindeutig und ohne merkbare Zurückhaltung.
Ebenso reimt germ. *b̄* ausl. nach Vok. auf Verschluß
(198, 531, 619, 1691, 1904, 1978, 2022, 2284, 2737,
2769, 2851, 2854, 2891, 2903, 3454, 3683). Dem
stehen nur gegenüber *graf* : *sprach* (48) und nicht
eindeutig *grap* : *heidenschaft* (225). Ähnlich reimt
ausl. *g* nach Vok. auf Verschlußlaut (116, 729, 1427,
1750, 2070, 2675, 3504), ferner *hup* : *sluc* (2048, 2823,
3763, 3783, 3863, 3889), auf Spirant *brach* : *lach* (92),
mich : *drurig* (2401) und vielleicht *rorach* : *mach* (3377),

nicht eindeutig *naht* : *mag* (3191, 3575), *lac* : *drac*
(1269). Nur vereinzelt reimt unverschobenes *d* inl.
nach Vokal: *muder* : *bruder* (335), *gemude* : *verdruge*
(1072, 1310) gegen *dete*(*n*) : *brehte*(*n*) (1789, 2261,
2584). Neben der Formel *uo* : *œ* begegnet *fru* : *du*
(541). Zu *har* (her) : *schar* (2071), : *adelar* (3576) vgl.
Michels Mhd. Elementarb.[3, 4] 1921 § 83 Anm. 2,
Elisabeth V. 8900, zu *gie* : *lie* (3458) Schirokauer
PBB. 47 S. 32 ff. Es reimen nicht nur mit Vorliebe
und eindeutig *gan* und *stan*, sondern auch *stat* (695,
878, 3253, 3711, *gat* nur einmal im Versinnern).
   Demnach würde eine Umschrift in mittelfränkischen
Lautstand den Absichten der Dichtung nicht ent-
sprechen. Ja, man glaubt, abgesehen von wenigen
Reimformeln, eine gewisse Zurückhaltung in der
Zulassung mittel- und nordrheinfränkischer Reime
zu finden, was bei den bescheidenen Reimkünsten
gewiß bemerkenswert ist, sich aber aus dem Zweck
des Gedichtes, das in einem weiteren westmittel-
deutschen Raum zum Erwerb vorgetragen werden
sollte, völlig erklärt. Wo der Dichter selbst zu Hause
war, würde sich höchstens dann bestimmen lassen,
wenn es gelänge, sein sprachliches Eigentum von dem
späterer Bearbeiter zu sondern. Nicht alle ange-
führten Reime sind bereits für die Urform des Epos
gesichert, vor allem ist die Zugehörigkeit der Bin-
dungen *ê* : *ie* fraglich, vgl. S. XIX, XXIII. Als Haupt-
verbreitungsgebiet darf nach den mit Namen ge-
nannten Städten die Gegend von Koblenz (349) bis
Metz (3120, 3128) gelten, mag es sich gelegentlich
auch auf das benachbarte rechte Rheinufer ausge-
dehnt haben.
   Für die Zeit der Abfassung gibt die Sprache nur
wenig zuverlässige Anhaltspunkte. Der von Harken-
see (S. 75) und Berger (S. L) nur unvollständig
verzeichnete Wegfall tonloser *e* im Reim kann kaum
als Merkmal des ganzen Gedichtes gelten. Mir sind
folgende Fälle für *U wahrscheinlich: 14, 109, 657,

1024, 1269, 1365, 1376, 1382, 1726, 1738, 1745, 1751, 3523, 3557. Bis auf wenige zerstreute stehen sie also in einigen nicht zu umfangreichen Abschnitten dicht beieinander. Der Schluß liegt nahe, daß es sich da um jüngere Zutaten handelt und die Erscheinung der Urform vielleicht ganz fehlte. In der vorliegenden Fassung geht sie nicht über das Maß dessen hinaus, was sich andere westmitteldeutsche Dichtungen um 1300 gestatten. Zur Zeitbestimmung reicht das nicht aus. Aber ins 13. Jahrhundert zurückzugehen verbietet die Textgeschichte, und allzu tief ins 14. oder gar 15. wird man auch nicht gehen dürfen, denn sonst hätte sich der Orendel kaum so völlig von Reimen *â* : *ô* freigehalten. Der einzige (1233) findet sich an einer Stelle, die bereits in *U entstellt war, schon Harkensee (S. 18) hat ihn dem Dichter abgesprochen.

Der Vers.

Die große Mehrzahl der Orendelverse sind unbezweifelt die üblichen altdeutschen Viertakter in Reimpaaren. Lange Reihen entfernen sich nur selten und unwesentlich von dem, was in der Ritter- und Geistlichendichtung des 13. Jahrhunderts möglich wäre. Daneben finden sich silbenreichere Verse von tadellosem Bau: *hant ir urloup genomen zu der kunigin her? sal ich mit uch faren uber den wilden se?* (2247 f.), *mich hat got und sin muder zu dir gesendet* (717, 1415, 1707, 1838 u. ö.). Daß die Minderzahl wirklich überlanger oder reimloser Verse in etwas anderem als Entstellung ihre Erklärung findet, das hat weder Harkensee (S. 30 ff.) noch Berger (S. XLII ff.) zu beweisen vermocht. So bestechend wenigstens die Annahme einer Urform in Morolfstrophen auf den ersten Blick sein mag, sie verliert ihre Wahrscheinlichkeit, sobald man sich die Schwierigkeit einer Umarbeitung in Reimpaare vergegenwärtigt. Eine solche Zahl regelmäßig wiederkehrender Eingriffe würde sich durch eine fortwährende Störung des Satzbaus und Gedankengangs bemerkbar machen. Statt dessen finden wir überall größere Abschnitte, die wie aus einem Stück wirken; vor allem die zuweilen umfangreichen Reihen von Formelversen mit ihrer meist auch guten Überlieferung sind gewiß von Anfang an im wesentlichen unverändert geblieben, so einprägsam sind sie und in ihrer Art wohlgelungen. Flick- und Stümperarbeit ist von Dichtung, die zum Erwerb vorgetragen wurde, unabtrennbar, z. T. erklärt sie sich auch dadurch, daß Handschriften durch vielen Gebrauch oder Zusätze auf engem Raum schwer leserlich geworden waren. Darum häuft sich Verderbtes und Verdächtiges zuweilen in ganzen Abschnitten wie am Anfang und V. 1738 ff. Soweit wir sehen, sind im Orendel mehrere Hände am Werk gewesen, aber das betraf den Inhalt, nicht die Form. Wenn es eine Orendeldichtung in Morolfstrophen gegeben hat, so war sie eher ein Lied vor dem Epos. Es waren also Reimlosigkeit und Überlänge, wo etwa P oder Entsprechungen an anderer Stelle einen Anhalt boten, zu beseitigen. Der eine Teil der Aufgabe wurde dadurch erschwert, daß D zu Zusätzen, H zu Verskürzungen neigt (Harkensee S. 15 ff., Berger S. XI f.), H allerdings kaum in dem von Berger vermuteten Grade. Aber es mußte mehr als einer der Unverse stehen bleiben, weil sich keine Abhilfe bot.

Versgeschichtlich kann der Orendel nicht mit Maßstäben der gelehrten und gebildeten Buchdichtung gemessen werden. Es ist eine Kunstfertigkeit, die wesentlich auf dem Stand um die Mitte des 12. Jahrhunderts stehen geblieben ist. Die Versfüllung kennt innerhalb des Viertaktrahmens kaum eine andere Beschränkung als die sich von selbst ergebende, daß benachbarte Verse in der Regel in einem gewissen Gleichgewicht stehen, was der Herausgeber mit Vorsicht, aber dauernd zu beachten hat.

Über die unreinen Reime haben Harkensee (S. 59 ff.)
und Berger (S. LIV ff.) Übersichten gegeben, an
denen nach der vorliegenden Ausgabe nur wenig zu
berichtigen wäre. Zur Kennzeichnung im ganzen
genügen wenige Hinweise. Vokalisch unrein wird
ohne Zurückhaltung und fast in jedem größeren
Abschnitt nur -*an* : -*ân* gebunden, über hundertmal.
An zweiter Stelle stehen *e*-Reime: -*êre* : -*aere*, z. T.
formelhaft: 56, 549, 603, 810, 824, 850, 1519, 1775,
1929, 2077, 2392, 2410, 2966, 3292, 3334, 3616, 3746;
sie sind in Teilen Mitteldeutschlands rein, ob und
wie weit für den Orendel, läßt sich schwerlich ent-
scheiden. Kaum mehr unrein sind die Bindungen
-*ere* : *êre*, außer 240 nur formelhaft: *mere* (246, 258,
459, 573, 2267, 2291, sonst bietet D *seen* 584, 2913,
see 2897, 2907, 2918, 3064, 3195, 3325, 3550, *se* 3474,
ferner D H *se*(*e*) 302, 2248; dazu Roethe Litbl. 1891
Sp. 330). Alle anderen vokalischen Halbreime sind
gelegentliche Freiheiten, so auch gerundet : ungerundet
(1026, 1030, 3202, 3270, 3350, 3416, 3452, 3578). Bei
konsonantisch und konsonantisch-vokalisch unge-
nauen Bindungen läßt die Art der Überlieferung das
Maß des Erlaubten nicht sicher erkennen. Reime wie
gegeben : *scheppere* (11), *sehen* : *were* (2089, 2338),
here : *verre* (215), : *berge* (2486, 2528), : *gerne* (3097),
stunden : *nuwe* (767) und auf Namen wie *Wolfhart* : *stat*
(3252), *Minolt* : *dot* (3646, 3664, 3778), *Durian* : *erkant*
(3828) dürften das Äußerste sein, und sie sind keines-
wegs alle gesichert. Angebliche Reime Bergers wie
stimme : *Bride*, *mere* : *Orendel*, *himel* : *Marie* sind
schwerlich anzuerkennen.

Wir erhalten das Bild einer zwar nicht verwilderten,
aber grundsatzlosen Kunst. Das gilt auch bei zahlen-
mäßiger Betrachtung. Der Anteil der Halbreime
wechselt meist zwischen 40—60 v. H. Aber geringere
Ungenauigkeiten bilden die große Mehrzahl. Auch die
Formelverse heben sich nicht entscheidend ab. Streben
nach reinen Reimen zeigen nur die offenbar höfisch

beeinflußten Waffenschilderungen V. 1209—1275,
unrein 7 Reime, und wohl auch V. 988—999, unrein
2 Reime. Sonst haben wir durchaus den Eindruck
einer Kunstfertigkeit, die zwar nicht unberührt, aber
im ganzen völlig ungleichartig neben der höfischen
und gelehrten Buchdichtung einherging, von anderen
Kreisen getragen, für andere Kreise bestimmt.

Die Quellen.

Die Frage nach den Quellen der Orendeldichtung
ist im wesentlichen von Berger (S. LXXXVIII ff.),
E. H. Meyer (ZfdA. 37 S. 325 ff.) und S. Singer
(Apollonius von Tyrus 1895 S. 3 ff.) gelöst. Dem
deutschen Orendel hat eine verlorene Fassung des
Apolloniusromans als Quelle gedient, die dem fran-
zösischen Roman Jourdain de Blaivies in manchen
Zügen näherstand als den erhaltenen lateinischen
Fassungen. Die Übereinstimmung betrifft z. T. sogar
Einzelheiten. Es entspricht der Schiffbruch, wohl
auch der Überfall durch Seeräuber (Or. 421 ff.), die
Rettung durch einen Fischer, von dem der Held ein
Kleidungsstück erhält, die Ankunft in der benach-
barten Königsstadt, wo der Held durch Geschicklich-
keit im Spiel (Apollonius) oder Tüchtigkeit im Kampf
(Jourdain) die Gunst des Herrschers und seiner Tochter
gewinnt (im Orendel vereint Bride beide Rollen).
Mehrfach findet sich die Abweisung von anderen
Freiern durch die Heldin, im Jourdain beschenkt sie
den Helden mit Roß und Waffen, König und Tochter
greifen zu seinem Schutz ein (im Orendel kämpft
Bride dabei selbst, aber erst bei einem späteren
Kampf nach der Hochzeit), im Apollonius tritt ein
senex invidus auf (entsprechend der Feindschaft der
Tempelherren?). Es folgt überall Hochzeit des Helden
und Belohnung des Fischers, diese jedoch in den
meisten Fassungen erst am Ende. Im weiteren Ver-
lauf wird die Ähnlichkeit geringer. Der Held kehrt

mit seiner Gemahlin in die Heimat zurück. Unterwegs wird er im Jourdain gefangen (dabei spielt ein
Eisenhaken eine Rolle, was an Or. 2389 erinnert),
aber bald befreit. Brides doppelte Gefangenschaft
und Bedrohung entspricht eher dem Schicksal einer
Tochter des Paares als dem der Heldin selbst, die
unter völlig abweichenden Umständen vorübergehend
von ihrem Gatten getrennt wird. Der Ausgang ist
überall allseitige Wiedervereinigung und glückliche
Herrschaft, nur im Orendel wird das Erdenglück für
das himmlische Heil aufgegeben.

Die wesentlichsten Abweichungen des Orendel von
seinen Gegenstücken sind der Brautfahrteingang, den
jedoch auch ein griechisches Märchen kennt (v. Hahn,
Griechische und albanische Märchen Nr. 50 II 273),
die Streitbarkeit der Heldin, für die Meyer (S. 347 ff.)
an Kreuzfahrerberichte von kämpfenden Christenfrauen als Nebenquelle denkt, und die legendarischen
Zutaten, d. h. vor allem die Verbindung mit der Sage
vom Rock Christi, die dauernde Keuschheit anstatt
der Ehe und der mönchische Ausgang. Es fehlt eine
Entsprechung für die Kämpfe gegen Durian und Elin
(V. 2572 ff.), die Heerfahrt nach Westfale (V. 2374 ff.)
scheint an unrichtiger Stelle zu stehen, vor der Abreise nach Trier (V. 2878 ff.), statt nach ihr. Dadurch
ist der Gang der Handlung empfindlich gestört.
Nachdem sie durch die Ankunft und Belohnung Ises
einen vorläufigen Abschluß gefunden hat, wird der
Schauplatz völlig willkürlich vorübergehend verlegt,
dann aber kehrt alles noch einmal ins alte Gleise zurück,
was durch die Wiederkehr ganzer Versreihen (V. 2712 ff.)
noch merkbarer wird. Unklar bleibt das Verhältnis
der Kämpferreihe Mentwin (V. 1205 ff.), Liberian
(V. 1566 ff.), Pelian (V. 1869 ff.) und der doppelten
Gefangenschaft und Bedrohung Brides (V. 3236 ff.,
3808 ff.) zu der uns im einzelnen unbekannten Fassung
des Apolloniusromans, die dem Orendeldichter vorlag.

Die Vorgeschichte von *A.

Trotz der Beschwichtigungsversuche Heinzels (Wiener Sitzungsber. 126, 1892, 1) und trotz anscheinend vielfach eingewurzelter Gewohnheit geht es nicht an, den Orendel, so wie er uns vorliegt, als das Werk eines Mannes zu betrachten. Mit solch einem Maß von Unstimmigkeiten findet sich wohl irgendein Bearbeiter und seine anspruchslose Zuhörerschaft ab, ein einzelner Dichter wäre kaum darauf verfallen. Ein Versuch, die Vorgeschichte der Fassung *A aufzuhellen, ist unumgänglich, obwohl er auf vollkommenes Gelingen nicht rechnen darf. Dabei wird abgesehen von allen entbehrlichen Einzelfragen, die das Verhältnis von P zu *U und *A betreffen.

Der dreifache Beginn des Gedichtes, V. 1 ff., 19 ff., 40 ff., kann nicht ursprünglich sein. Wahrscheinlich sind V. 1—18, vielleicht auch V. 19—39 angefügt. Bei dem Zustand der Überlieferung läßt sich Sicherheit nicht gewinnen, doch sei hingewiesen auf die Reime *daz* : *vast(e)* (13) und *gegeben* : *scheppere* (11), dieser hat seinesgleichen nur noch in *sehen* : *were* (2089, 2338), wo es sich wohl ebenfalls um Zusätze handelt.

Der Aufbruch von Trier wird doppelt berichtet, V. 341 ff. mit Einzelheiten, die man als Beweis betrachtet hat, wie gut der Dichter die Moselgegend kannte, ohne zu bedenken, daß ebenso gut ein Bearbeiter Anlaß gehabt haben kann, an Koblenz zu erinnern, und V. 355 ff. formelhaft. Der Reim *wine* : *spise* kehrt 343 und 357 wieder. Allein steht da *Rine* : *menige* (349), sonst reimt *menige* : *Babilonie* (403), : *entgegene* (3141).

V. 661—676, die bereits Berger eingeklammert hat, sind entweder Zutat oder zum mindesten vor 677 f. an unpassende Stelle geraten.

V. 988—999. Die Beschreibung des Speers ist, wie Berger erkannt hat, den Brünnenbeschreibungen V. 2027 ff., 2774 ff. nachgebildet. Der Verfasser ist vielleicht derselbe, der die Waffen Mentwins beschrieben hat (V. 1209 ff.).

V. 1008—1025 sind mit Vogt (ZfdPh. 22 S. 487) dem Verfasser der Verse 661—676 zuzuschreiben. Ein junger Reim ist *geleit(e)* : *gemeit* (1024).

Dreimal kehren innerhalb des Mentwinabschnittes (1202 ff.) einzelne Verse und Verspaare wieder: 1209 = 1276, 1330 f. = 1342 f., 1348 f. = 1386 f. Jedesmal ist das Zwischenstück im gesamten Zusammenhang entbehrlich, doch gehören V. 1209—1275 und 1350—1387 unverkennbar zusammen. Es gibt wohl keine andere Erklärung, als daß es sich um nachträgliche Zutaten am Rand oder auf Zetteln handelt, die von einem späteren Abschreiber so mangelhaft eingefügt sind. Es kommt hinzu, daß die Beschreibung V. 1209—1275 durch den Umfang und ihre nach Form und Inhalt gewollt höfische Haltung im Orendel einzig dasteht, man vergleiche die Bewaffnungsschilderungen V. 1000 ff., 1054 ff., 1666 ff., 1999 ff., 2081 ff., 2330 ff. Man beachte die Seltenheit unreiner Reime (noch nicht ein Viertel), zumal von V. 1241 an, und die jungen Reime unter Wegfall tonloser *e* (V. 1269, dann gehäuft 1365, 1376, 1382). V. 1332—1343 werden unvollständig oder entstellt sein.

Doch der ganze Mentwinabschnitt scheint der Urform des Epos nicht anzugehören. Nach Schiltwins Botschaft ist er ein unerwartet langer und umständlicher Aufschub, und der Anfang ist so merkwürdig wie möglich. Er ist eigentlich nur verständlich, wenn bereits V. 1676 ff., 2007 ff. als Muster gedient haben. Die Mißgunst gegen den erfolgreichen Unbekannten dort ist begreiflich, die Feindschaft gegen Bride hier unbegründet. Vermutlich hat der Verfasser die unzuverlässigen Tempelherren, die Bride anreiten will (2161 ff.), mit ihren wirklichen Gegnern (2111 ff.) gleichgesetzt, daher der auffallende Wechsel im Ausdruck V. 1202 und 1205. Offensichtlich ist ein Gegenstück zu den Kämpfen gegen die Riesen Liberian

(1566 ff.) und Pelian (1869 ff.) geplant, an die sich ebenfalls Kämpfe gegen Massen anschließen wie hier V. 1386 ff. Aber es scheint eine andere Hand am Werk. Schon der Name Mentwin fällt aus der Reihe der Gegner von Sudan und Merzian bis Durian heraus. Im Gegensatz zu Liberian und Pelian erhebt Mentwin keinen Anspruch auf Bride, er scheint also den Freiern der Quelle nicht zu entsprechen. Und während Liberian wie Pelian formelhaft übereinstimmend als echte großsprecherische Riesentölpel auftreten, äußert sich Mentwins Überheblichkeit gesitteter: der Kampf mit dem kleinen Graurock geht ihm gegen die Ehre (1303).

Ob die besprochenen drei Einschübe vom Verfasser des Mentwinabschnittes selbst zugedichtet sind oder von einem anderen, entscheide ich nicht. Die geringere Zahl der Halbreime in V. 1209—1275 (nicht in V. 1350—1387!) würde schwerlich gegen Gleichheit des Verfassers beweisen: es kann dort irgendein höfisches Vorbild unmittelbar nachwirken. Daß ein Bearbeiter sein eigenes Werk nachträglich erweitert hat, dagegen spricht an sich nichts. Ob auch die anschließenden Kämpfe gegen Scharen (1388—1441) noch dazugehören, läßt sich schwer beurteilen, da sie zum großen Teil aus Formelversen bestehen. Nach dem Geschmack seiner Zuhörer, zumal mit V. 1209 ff., 1350 ff., gehört der Mentwinabschnitt zu den bestgelungenen des Orendel. Statt formelhafter Antworten wie V. 978, 1071, 1808 oder 3357, 3423, 3745 finden wir einen ganz den Umständen entsprechenden Witz (1312 ff., 1352 ff.), echten Spielmannswitz, vielleicht denselben, der sich auf Kosten des eigenen Standes betätigt (1362 ff.), leichter und boshafter als den grobkörnigen alten Stils, der in Faustschlägen besteht (1507 ff., 2636 ff.). Es macht den Eindruck, als ob der Verfasser den Orendel halb auswendig konnte und Brauchbares nahm, wo er es fand, die Ausdrücke *Suriant* (1205, 1348, 1386) und *rabide* (1291) aus dem Abschnitt von Brides Kampf (2129f., 2134), die bissige Antwort (1310f.) V. 1072f., oder mit neuer Wendung V. 1430f. nach V. 1775f.

Fraglich ist der Verfasser der Kämpfe gegen Durian und Elin (V. 2572—2877). Auf das Fehlen in der Quelle und die unpassende Stelle im ganzen ist schon hingewiesen (S. XV). Der größte Teil des Abschnitts, vor allem V. 2712ff., scheint aus Versen zusammengesetzt, die anderswoher genommen sind, selbst im Orendel ungewöhnlich. Das Gedicht sollte um jeden Preis gelängt werden. Daß das nicht schon der erste Dichter beabsichtigt hat, dafür spricht vielleicht eine Vorliebe für den Reim *schiere: Jerusaleme* (2590, 2720, 2876, sonst nur noch 2404, 3898) statt des vorherrschenden *Jerusaleme: here* oder: *eren* und die Unstimmigkeit, daß die 72 Könige, von denen V. 406 und eben noch V. 2561 wissen, gar nicht erwähnt werden. Denn was P zu V. 2574 bietet, hat sich wohl erst der Verfasser der Prosa zurechtgelegt, der auch sonst gelegentlich Unstimmigkeiten ausgleicht: *darinnen warn zwen vnd sibentzig Haidnischer künig / die hetten vor aiñ herrn vnder yn gehabt / mit namen Pelion. Derselb herscht den andern Hayden allen / zů der zeit do künig Arendel mit seiner Ritterschaft auff dem mŏr was / ee dañ er zů dem hailigen grab kam. Nu hetten dieselben Künig vnd Hayden / aiñ andern herrn.* Auch in P nach V. 2675 hat die Zahl keine Gewähr.

Vollends ungewiß bleibt, ob die Achilleauftritte (3430—3593) ein Einschub sind. Nur noch *A 3672, D H 3926 wird Achille in entbehrlichen Verspaaren erwähnt. Es finden sich Reime unter Wegfall tonloser *e* (3523 und vielleicht 3557). Einzig steht da der Reim *sne: gen* (3440), während sonst *gan* und *stan* zu den beliebtesten Reimworten gehören (nur zweimal untereinander, sonst eindeutig gebunden), einzig vielleicht auch *gie: lie* (3458, sonst allerdings nur noch *ginc: vinc* 2388). Allerdings müßten Verse weggefallen sein, denn 3594 schließt sich nicht genau an 3429 an. Die Überlieferung versagt. D H bieten gerade um 3430 nur Zweifelhaftes, und P weicht schon von 3376 an in Einzelheiten völlig ab.

Wieviel Bearbeitern diese mit mehr oder weniger Wahrscheinlichkeit auslösbaren Einschübe angehören, entscheide ich nicht. In anderen Fällen zeigt sich ein durch eine Reihe von Zutaten durchgehender Plan.

Schon Berger hat auf Unstimmigkeiten in Ises Rolle hingewiesen (S. LXXIII). Ise ist ein mächtiger Herr über 800 Fischer (597 ff.) und fährt doch selbst allein zum Fischfang aus (518). Seine Behausung ist eine prächtige Burg, gut genug für einen König, aber wenige Zeilen vorher und nachher wird sie *cluse* genannt (595, 635). Seine Gattin und ihre *dienstwip* sind *gecleit in peller und siden* (610), aber Ise betrachtet die *funf schillinge guldiner penninge* (650), die ihm der gefundene Rock einbringen soll, als einen überaus wertvollen Erwerb, er bietet den Rock selbst auf dem Markt aus und besteht auf dem Preis (744 ff.). Eben ist er fürstlich beschenkt (2231), da kommt er gerufen wieder zu Hof: *sinen grawen roc druc er an, [und] ein ruder druc er in der hant, meister Ise der wigant. do was der selbe degen gemeit zuschen sinen brawen zweier spannen breit* (2304 ff.). Und noch als er Herzog geworden ist und im Turnier (2359) seinen Mann gestanden hat, betrachtet er sich nicht nur als den Sachverständigen in Schiffahrtsangelegenheiten (2921), sondern er fährt in seiner alten, vorhöfischen Erscheinung (3030, 3035 f.) allein auf Pferderaub aus. Hier liegen so offenbar zwei Kultur- und Altersschichten vor wie in vergleichbaren Fällen des Nibelungenliedes (Heusler, Nibelungensage und Nibelungenlied [2] 1922 S. 169 ff.). Nun hat freilich wie in der Quelle so gewiß auch im Urorendel schon eine Belohnung und wohl auch Standeserhöhung Ises stattgefunden, aber schwerlich hat sie sich in so anspruchsvollen Formen geäußert. So wie sie vorliegt, setzt sie die Sitte des

Ritterschlags voraus (2328), die ist aber in Deutschland sonst nicht vor dem 14. Jahrhundert nachzuweisen, viel älter kann also die betreffende Zudichtung nicht sein. Ob freilich zu ihr alle Verse gehören, in denen von Ises Herzogswürde, seiner Burg und seinen vornehmen Söhnen die Rede ist (etwa 597—610, 2187—2282, 2315—2373, 2946—3011, 3109—3112, 3216f.), bleibt fraglich, da mit einer Zwischenstufe zwischen dem rein vorhöfischen Urorendel und der vorliegenden Bearbeitung zu rechnen ist. Für solch eine Zwischenstufe spricht die Angabe in P zu V. 2370ff. *Vnder disen* (Spielleuten) *allen was ainer / der für über môr / vnd sagt dem hertzogen Marsilion vnd hertzog Steffan seinem brůder / die dann bayde hertzog Eysen Sün warn Wie jr baider vatter zů Jerusalem offenbarlich Hertzog vñ Ritter worden wâre / des wurden sy erfreüwett / gaben dem Spilman ain gůtt bottenbrot. Besetzten zů stund jre landt nach notdurffte vnd fůrn über môre / brachten dem grawen rock vmb jres vaters willen .dreyssig tausent mañ zů hilff.* Diese Vorausdeutung echt spielmännischer Erfindung auf V. 2946ff. gehört kaum erst P an, dem V. 2829 die Bedürfnisse eines *lesers* so fremd sind wie D und H. Rechten Zweck hat sie eigentlich nur dann, wenn sie ursprünglich nicht über dem ausgedehnten Zwischenstück mit der Heerfahrt nach Westfale und den Kämpfen gegen Durian und Elin vergessen werden konnte, wenn sie also älter war als jener vermutete Einschub (s. S. XIX, XXII). Doch läßt sich Gewißheit nicht gewinnen.

Eine ältere Schicht von Zutaten läßt ein weiterer, allerdings unsicherer zeitlicher Anhaltspunkt vermuten, auf den Kettner (ZfdPh. 26 S. 449ff.) hingewiesen hat. Der Auftritt, wo Orendel sich Bride an den Burgzinnen zeigen läßt, V. 872ff., erinnert an Nibelungenlied Str. 390—392 B., S. 60, 4—7 Z., wo Sigfrid Gunther Brünhild zeigt. V. 3660ff., wo Orendel, V. 3754f., wo Bride dem Gegner die Tür

verstanden hat, erinnert an Nibelungenlied Str. 1977 bis
1979 B., wo Dankwart und Volker den Durchgang
verwehren. Ähnliches wie Ortnit Str. 367 f. von
Alberich weiß P nach V. 2537 von Alban zu be-
richten: *Hiemit gieng es hynweg in die burg vnd auff
die maur | da zerbrach es alle schlosz vnd wôr | so die
hayden hetten | Darnach gienge es in die kuchen | in
keller | in speyszgadem | vnd schutt alle speysz vnd
getranck | so es fand | vnder ainander | warff auch die
in das feüwer | vnd den merern tail weinsz | vnd anders
getrancks | gosz es ab über die maur | erlôschte alles
feüwer | vñ thet den Hayden dise nacht zů laid alles
das es gethůn kund vnd mocht. Darnach gieng es vnd
entschlosz die burgkthor.* Das Folgende schließt sich
wörtlich an die entsprechenden Verse an, vgl. die
Lesarten. Man darf danach wohl annehmen, daß der
betreffende Abschnitt in *A gestanden hat, und darf
vielleicht auch mit Kettner den Namen Alban für
einen spielmännischen Ersatz für Alberich halten.
Doch das würde noch recht wenig bedeuten, stände
nicht alle drei Mal Bride im Mittelpunkt. Haben also
wirklich Nibelungenlied und Ortnit als Muster gedient,
so wären jene Orendelabschnitte etwa nach 1220—30
gedichtet, und es würde sich dabei schwerlich um
das Epos als Ganzes handeln. Brides Rolle konnte zur
Erweiterung reizen, und in der Tat lassen sich weitere
Fingerzeige finden.

Die Verse 870—891 sind wirksam, aber entbehrlich.
Der Zusammenhang wird durch Wegfall des minnig-
lichen Zwischenstücks geschlossener.

Die Heerfahrt nach Westfale (V. 2374 ff.) ist nicht
etwa zum Ruhm des neuen Herzogs Ise erdacht, wie
man aus dem ungeschickten Eingang vermuten
könnte, vielmehr steht Bride im Mittelpunkt. Der
Einschub würde wenigstens bis V. 2547 reichen; Alter
und Herkunft der folgenden formelhaften Kurzberichte
(V. 2548—2571) sind zweifelhaft. Das Westfale-
abenteuer weist einige Reime auf, die sonst nicht ihres-

gleichen haben: *mich* : *drurig* (2400), *rich* : *ich* (2454),
here : *berge* (2486, 2528, sonst nur 215 *here* : *verre*,
3097 *here* : *gerne*, ebenfalls im Zusammenhang mit
Bride) und die sonst für den Durianabschnitt bezeich-
nenden Bindungen *ê* : *ie* (2404, 2427). Inhaltlich ist
der Abschnitt abweichend von allen früheren auf
doppelte Spannung berechnet: Engelhilfe wird erst
bemüht, als menschliche sich im entscheidenden
Augenblick unzureichend erweist. Auch dann befreit
der Engel die Gefangenen nicht selbst. Nun scheint
freilich die Gefangennahme Orendels mit Hilfe eines
Hakens einem Zug der Quelle ungefähr zu entsprechen
(s. S. XV). Aber selbst wenn ein Zusammenhang
bestände, wäre nicht unmittelbare Benutzung der-
selben Fassung des Apolloniusromans erwiesen, die
sonst vorlag, sondern es könnte sich um eine andere,
und es könnte sich um Kenntnis von Hörensagen
handeln.

Brides erste Gefangenschaft bei Minolt (V. 3236 bis
3807, darin eingeschoben die besprochenen Achille-
auftritte) ist eine große Verzögerung der Ankunft in
Jerusalem. Fällt sie weg, dann ist zugleich die Un-
stimmigkeit beseitigt, daß Bride V. 3256 offenbar zu
Lande in Minolts Burg gebracht wird, die Rückkehr
jedoch V. 3802ff. zu Schiff erfolgt. Freilich sind die
Ortsangaben hier überhaupt in Verwirrung. In D H
geht die Hilfe Orendels und Ises über See (3367ff.),
in P der Weg des Pilgers, der die Gefangenschaft
meldet. V. 3800 steht *zu rosse* wie 3896, wo es not-
wendig ist. Wollte man daraufhin V. 3802—07 als
Schreibereinschub betrachten, so würde gegen sonstige
Gewohnheit jede Angabe über Weg und Ziel fehlen.
Der Verfasser der Prosa hat sich durch die Ortsangaben
seiner Quelle nur mit Mühe und nicht ohne Miß-
verständnis hindurchgefunden. Inhaltlich ist auch
dieser Abschnitt auf doppelte Spannung berechnet.
Maria greift erst ein, als die Befreiung durch Selbst-
hilfe im letzten Augenblick doch mißlungen ist; und

auch da tut sie es nicht unmittelbar, sie schreibt einen Brief (3683). Die Botschaft von Brides Gefangenschaft bringt dagegen ein Pilger, der wohl nur in P eigens dazu durch einen Engel befreit ist. Der Aufbauplan des Albanabenteuers kehrt gesteigert wieder. Und wieder finden sich mehrere sonst ganz ungewöhnliche Bindungen: *Wolfhart : stat* (3252), *Triere : zufuren* (3270, 3350, 3416), *Minolt : dot* (3646, 3664, 3778), *got : holt* (3713), *got : gemarterot* (3650), *forderost : drost* (3717, vgl. Nibelungenlied Str. 1526 B.).

Sollten die drei Abschnitte Zutaten, und zwar desselben Bearbeiters sein, dann erhielten wir das Bild eines gewandten Erzählers, der, gegen Reimforderungen ziemlich unempfindlich, auf neuartige Bereicherung des Inhalts bedacht war. Es wäre ihm gelungen, Leben und Farbe in das bisher etwas einförmige Werk zu bringen. Freilich wäre die Wahl der Einschubstellen nicht glücklich. Die Heerfahrt nach Westfale ergibt eine willkürliche vorübergehende Verlegung des Schauplatzes. Die Gefangenschaft bei Minolt erreicht den Höhepunkt der Spannung für das ganze Epos zu früh, die folgende zweite Gefangenschaft wirkt nun wie eine ärmliche Wiederholung.

Was sonst noch demselben Bearbeiter angehört, bleibt vollends unsicher. Am ehesten würde ich an eine Erweiterung bei der Bewaffnung Orendels durch Bride (1612ff.) glauben. Ursprünglich, sollte man meinen, hat das echte Schwert in der dreifach verschlossenen Lade gelegen. Die Behandlung des Kämmerers (1638ff.) und der Weg unter die Erde entsprechen, z. T. sogar wörtlich, dem Albanabenteuer (2476ff.).

Es sind Gründe recht verschiedener Art, die die Annahme einer Erweiterung der Briderolle in solchem Umfang nahelegen. Darf man auch ihr Zusammentreffen kaum als Beweis betrachten, so reichen sie doch, wie ich glaube, dazu aus, das blinde Vertrauen auf die Einheit der Orendeldichtung weiter zu erschüttern. Das größte Gewicht messe ich dabei der abweichenden Erfindung bei.

Über die Gesamtzahl der Bearbeiter und das Altersverhältnis der Eindichtungen läßt sich wenig Stichhaltiges sagen. Die Brideschicht wird mehrere Jahrzehnte älter sein als die letzte Ausgestaltung der Iserolle. Etwa gleichaltrig mit dieser mögen die Achilleauftritte sein. Aus dem für den Orendel überhaupt erschlossenen Gebiet führen die Reime auch der vermuteten Einschübe nicht heraus. Offenbar ist der Orendel auf einem verhältnismäßig begrenzten Gebiet lange zugkräftig geblieben.

Ziehen wir alle vermutlichen Zutaten ab, zusammen etwa 1500—1600 Verse, wobei zu berücksichtigen ist, daß durch die Einschübe zuweilen auch Verse fortgefallen sein werden, so bleibt immer noch ein ansehnliches Epos übrig. Es fragt sich, ob wir damit bereits die Urdichtung vor uns haben. Wir dürfen uns das Restepos gegen 1200 entstanden denken, aus Gründen, die E. H. Meyer dargelegt hat. Bestechend ist sein Hinweis auf die Überführung des Rockes Christi aus dem Nikolausaltar des Trierer Doms in den Hauptaltar im Jahre 1196. Doch könnte das Epos auch ein paar Jahre älter sein. Dichter seiner Art sind schnell bei der Hand, und der Trierer Rock Christi hatte schon Jahrzehnte von sich reden gemacht.

Doch der Name Orendel ist trotz Singer (Apollonius S. 4) altgermanischer Herkunft. Daher hat man den Ursprung des Orendelepos in einem altgermanischen Mythus gesucht, der freilich nur erschlossen werden könnte (Literatur bei Ehrismann, Gesch. d. Dtsch. Lit. II, 1 1922 S. 339). Diese Bemühungen sind seit E. H. Meyers Nachweis der engen Beziehungen fast des ganzen Epos zum Apolloniusroman völlig zurückgetreten. Ehrismann erkennt zwar nach Laistners Vorgang (ZfdA. 38 S. 113ff.) eine deutsche Orendelsage vor dem Epos an, inhaltlich entsprechend dem Märchentypus vom Eisenhans und vom Goldener, aber er glaubt, der Dichter des Epos habe sich ihrer zwar, als ihm der Apolloniusstoff bekannt wurde, erinnert, aus ihr jedoch nur einige Namen entnommen, sich im übrigen aber an den Roman gehalten. In diesem Fall wäre das Epos eine völlig neue Dichtung. Nach Schneider (Heldendichtung, Geistlichendichtung, Ritterdichtung 1925 S. 185 f., 478 f.) hätte ein Spielmann unter Benutzung des Apolloniusromans eine weltliches Orendellied verfaßt. Erst der Trierer Epiker hätte daraus eine Legende vom heiligen Rock gemacht, wobei der Held durch das Eingreifen himmlischer Mächte förmlich entmündigt und die erforderliche epische Länge durch Motivwiederholung erreicht worden wäre. In diesem Fall läge vor dem Epos ein Lied, und einzelne Versreihen wären davon vielleicht noch erhalten.

Nun glaube auch ich an ein Orendellied vor dem Epos. Der lockere Versbau und die altertümliche Reimkunst lassen sich leichter um die Mitte als gegen Ende des 12. Jahrhunderts entstanden denken. Hafteten sie erst einmal am Stoff, so mochte man sie beibehalten. Eine vollkommene Neudichtung um 1200 hätte wohl auch in Trier und auch in den Kreisen, für die der Orendel bestimmt war, vor allem gewiß städtische Bürger aller Stände, ein anderes Aussehen erhalten. Daß höfischer Aufputz erwartet wurde, zeigt der halbverritterte Inhalt. Aber je näher man sich den Zusammenhang zwischen Lied und Epos denkt, desto ungewisser wird es, ob das Lied rein weltlich oder nicht doch eine Legende war. Zwar lassen sich alle Engelhilfen und Fürbitten Marias, ihr Brief wie ihre Geldsendung wegdenken; auch ist das meiste davon Fabrikware, von der ein Stück dem anderen zum Verwechseln ähnlich sieht. Aber dasselbe gilt von den Bewaffnungen, und wenn auch an dieser oder jener Stelle die Formel spätere Zutat sein mag, so kann sie an anderer das schon in der Urform,

dem Lied, gegebene Muster sein. Zeitgemäß war eine
Liedlegende vom heiligen Rock schon um die Mitte
des 12. Jahrhunderts.

Hier breche ich ab, ein weiteres Rechnen mit Mög-
lichkeiten hätte wenig Zweck.

Der Orendel als Spielmannsepos.

Daß der Orendel in seiner uns vorliegenden Gestalt
ein Epos „für den Spielmann" (Naumann, Dtsch.
Vjschr. f. Lit.wiss. u. Geistesg. 2 S. 789, Steinger,
ebd. 8 S. 69 ff., zur Nieden, Über die Verfasser der mhd.
Heldenepen, Diss. 1930 S. 8 ff.), d. h. für gewerbs-
mäßigen Vortrag bestimmt war, beweist unmittelbar
der Wortlaut: die Anreden an die Zuhörer (379,
2396, 2512), die Selbstverspottung (1362 ff.) und Selbst-
empfehlung (2366 ff., vgl. dazu P S. XXI), vor allem
die durstige Zwischenrede mit der genauen Berufs-
bezeichnung (2826 ff.), denn Harkensees Besserung
ist so gut wie sicher. Aber auch die ganze Haltung
entspricht dem Zweck. Es ist eine Dichtung ohne
Grundsatz. Sie beginnt wie eine Brautfahrt und endet
mönchisch. Je nach Bedarf tritt Geistliches oder
Ritterliches und Höfisches (879, 888, 915 ff., 944,
1016 ff., 1130, 1176 ff., 1602 ff., 1821 ff., 1980, 2097,
2359, 3019 f., 3071) in den Vordergrund. Wo man sich
eine vergnügliche Wirkung verspricht, die die Zah-
lungswilligkeit der Zuhörer steigert, werden die
Schwächen des eigenen Standes preisgegeben. Aber
was jeder von ihnen in Predigt oder Beichte von der
Seelenverderbnis durch die Künste der Fahrenden
gehört hat, sucht der einzelne Vertreter des Standes
durch Frömmigkeit vergessen zu machen. Dabei darf
jedoch durch die Erbauung das Unterhaltsame nicht
beeinträchtigt werden. Die unermüdliche Wiederkehr
kirchlich einwandfreier Gedanken, solcher, die jeder
kennt und versteht, ist erwünscht, wenn sie nur für
Vergnügliches Raum genug läßt. Gerade das bietet

der Orendelstoff in einer überzeugenden Einheit, wie
nicht leicht ein anderer. Das heilige Land wird im
Kampf mit unglaublichen Heidenscharen behauptet
und wiedererobert, Frau Bride verteidigt ihre jung-
fräuliche Ehre gegen alle Nachstellungen. Die Ver-
dienstlichkeit leuchtete so sehr ein, daß sie sich neben-
bei als Kraftweib gebärden, Widerspenstige und An-
greifer bei den Haaren greifen und mit Füßen treten
darf, ja als Gott ihre Gebete für Orendel nicht erhört
hat, in einer wohl lächerlich wirkenden Übersteigerung
(2414ff., dazu Heinzel, Wiener Sitzungsber. 1892,
126, 1 S. 34) ihm selber mit Gewaltanwendung drohen.

Spielmannsdichtung arbeitet mit gegebenen Mit-
teln und in der Regel ohne künstlerischen Ehrgeiz.
Was mit einmal geformten Worten gesagt werden
kann, dafür bemüht sie sich nicht um neue. Um
Wirkung zu erreichen, ist jedes Mittel recht, darüber
hinaus geschieht nichts; und im Grunde ist ihr ein-
ziger Vorzug eine gewisse Findigkeit im Aufspüren
der leicht erreichbaren Wirkung. Für dies Verfahren
kann der Orendel als Ganzes geradezu als Musterbei-
spiel dienen. Ein großer Teil seiner Verse, stellenweise
weit über die Hälfte, kehrt an anderen Stellen wieder,
aber diese Formelverse sind nicht selten die schlag-
kräftigsten der ganzen Dichtung. Der Aufbau im
ganzen spricht jeder künstlerischen Zielstrebigkeit
Hohn. Schon die Verquickung der Legende vom
heiligen Rock mit dem Apolloniusstoff ist ein Unding;
denn der Rock soll nach Trier, und der Apollonius
führt darüber hinaus. Aber in seiner Art wirksam ist
das Ergebnis geworden. Die Zutaten haben die Un-
logik gesteigert und die Abwechslung noch bunter
gemacht. Der mittelalterliche Zuhörer aber war zu-
gleich dankbarer und geduldiger als der heutige
Leser.

Nun würden mit dem Mentwin- und dem Durian-
abschnitt zwei Zeugnisse für spielmännische Tätigkeit
am Orendel wegfallen. Aber sie sind wohl die deut-

lichsten, doch nicht die einzigen, und auch der Zu-
stand der Überlieferung im einzelnen spricht für ehe-
malige gewerbsmäßige Verwendung. Am Wortlaut
ist wie im großen so auch im kleinen viel geändert
und gebessert; dabei müssen die alten neben den
neuen Versen stehen geblieben sein. So erklären
sich wohl V. 23 f., 30—33, H 79 f., 1658 f., 1819—26,
D nach 3295. Die Häufung von Entstellungen wie am
Anfang und V. 1738 ff. ist verständlich, wo eine
Handschrift durch langen Gebrauch oder Änderungen
auf zu engem Raum schwer leserlich geworden war.
Die wiederholten Umarbeitungen und Einschübe
zeigen, daß es in den Kreisen, denen der Orendel
angehörte, literarisches Eigentum nicht gab, abwei-
chend von ritterlicher wie geistlicher Bildungsdichtung.
Freilich beweist das alles nur Fortbildung in Spiel-
mannshänden, nicht den Ursprung. Welchem Stande
der unbekannte Verfasser der Urform des Orendel-
epos angehörte, dessen Wortlaut wir nicht mehr be-
sitzen, läßt sich im Grunde nicht einmal erraten. Der
Orendel ist, im Gegensatz etwa zum Salman und
Morolf, von Anfang an nicht so ungeistlich gewesen,
daß er nicht von einem Geistlichen verfaßt sein
könnte. Ja das nur Belustigende scheint in der Ur-
form über die Faustschläge Orendels und die Furcht
Schiltwins nicht hinausgegangen zu sein. Freilich
wird man auch dann eher an einen Mann mit geist-
licher Bildung als geistlichem Beruf denken. Denn
der Kernpunkt im Orendelstoff ist weniger die Wer-
bung für einen kirchlichen Kult als die Ausnutzung
eines Kults, wenn man so sagen darf, für literarisch-
gewerbliche Zwecke. Nur darum konnte die angeb-
liche Legende von der kirchlichen Überlieferung so
frei abweichen. Ob der Orendel die Billigung der
Trierer Geistlichkeit gefunden hat, wissen wir darum
nicht. Sollte es nicht ungeteilt der Fall gewesen sein,
so hat das der Beliebtheit des Stoffes nicht Abbruch
getan. Bis über 1300 hinaus hat er das ihm zukom-

mende Leben geführt. Unsere Überlieferung weiß
jedoch nichts mehr von seiner Verbreitung durch
leser und hat die Zwischenrede, die von ihr spricht,
töricht oder nichtssagend entstellt.

Einrichtung und Grundsätze der Ausgabe.

Die Lesarten verzeichnen ausschließlich Ab-
weichungen im Wortlaut. Rein Sprachliches ist bei
der geringen Gewähr, die die Überlieferung hierin
bietet, weggelassen, um Raum zu sparen. Bei Ab-
kürzungen ist gelegentlich zu berücksichtigen, daß
D und H statt des md. *d* das obd. *t* schreiben. Die
Lesarten aus P dienen in der Regel der Bestätigung,
zuweilen jedoch deuten sie einen Zweifel an. Umfang-
reichere Abschnitte aus P sind nur da angeführt,
wo die Versgrundlage durchscheint, mindestens z. T.
die Reime. Einen vollständigen Überblick über das
Mehr und Weniger in P zu geben, betrachte ich als
Aufgabe eines uns verheißenen Abdruckes. Die An-
merkungen dienen nur zur Erklärung der Textgestalt,
sie beschränken sich in der Regel auf Verszahlen und
wollen dem Benutzer das Nachschlagen in keinem
Fall ersparen. Je nach dem Befund bedeuten sie eine
Begründung oder einen Zweifel, öfter beides zugleich.
Wo es möglich schien, habe ich versucht, *A
wiederherzustellen, sonst habe ich mich mit *U be-
gnügt, auch das ist gewiß manchmal unerreichbar
geblieben. Vermutete Zusätze von geringem Umfang
habe ich in [   ] eingeschlossen. Zuweilen müssen
statt der eingeklammerten andere Worte gestanden
haben. Wo ich den Wortlaut der Überlieferung für
entstellt halte, aber keine Abhilfe finde, habe ich . . .
gesetzt, wahrscheinlich hätte ich es öfter tun sollen.
Aber die Lesbarkeit durfte nicht zu sehr beeinträchtigt
werden. Worte und Wortteile, die in D H nicht über-
liefert sind, erscheinen *kursiv*. Am rechten Rand
stehen die Verszahlen Bergers zum Vergleich.

Sprachlich konnte die Ausgabe weder H noch D folgen. Der im Wortlaut zuverlässigere Druck steht der Urform sprachlich so fern, daß er hierin als die schlechtere Überlieferung zu gelten hat. Nur wo die mitteldeutsche Vorlage durchscheint, konnte D zuweilen berücksichtigt werden. Aber auch an H durfte sich die Ausgabe nur da anschließen, wo westmitteldeutsche Handschriften ein ähnliches Verhalten zeigen. Um eine vollständige Normalisierung zu vermeiden, ist vor allem der Wechsel von *u* und *o* beibehalten. Im übrigen gelten folgende Grundsätze: anl. und inl. nach Vokal *d* statt obd. *t*, auch *-ld-*, aber *-rt-* und *-te* im schwachen pt.; *p*, *pp* statt *pf*, ausl. *c* statt *ck*, *z*, *zz* statt *s*, *ss*, *sz*, *tz* in mhd. Weise, ebenso Doppelkonsonanz. *sl*, *sm*, *sn* statt *schl*, *schm*, *schn*, *ht* durchgeführt, Auslautverhärtung außer *rg*, ausl. *mb*, inl. *mm*. *i* und *ie* bleiben geschieden, ein unvermeidlicher Mangel, denn H schreibt nur in der Regel *mier*, *dier*, *wier*, *-iecht*. Statt *iu* wird *u* eingeführt. Beseitigt sind die Umlautbezeichnungen von *o* und *u*, *y* für *i*, Rundung *ö* < *e*, *ü* < *i*, ferner *au* für *ou*, *o* für *â*. Folgende Wortformen sind eingeführt, wobei die Reime nur z. T. eine Handhabe bieten: *sal* (im Reim nur *sol* : *wol* 1132), *ummer*, *nummer*, *suster*, *zuschen*, *bede* (neunmal im Reim), *zwenzic*, *gein* statt *gen* neben *gegen*, *quam*, *twingen*, *twerg*, *verliesen*, *sie*, *nu*, *hede* neben *hatte*, *habete* (im Reim nur *hede* 484, 1986, *habete* 1599, 3541). Durchgeführt sind *saget*, *sagete* (vgl. 932, 954, 1258, 1563, 1734, 3101, keine entgegenstehenden Reime), *wollen* (trotz 295), *eime*, *dime*, *sime*, *here* (Herr, oft und eindeutig im Reim), *nacket*, *galine* (wegen 109, 422, 568, 586, 2961, 3032), *-sam*, *zu-* statt *zer-* (vgl. D 1425, 3271, 3351, 3417), *ime* (wegen 675, 3178, D mehrfach im Versinnern). Sonst mußte für die Behandlung der tonlosen *e* die Grammatik so weit als möglich die Überlieferung ersetzen. In der 1. ps. sg. ps. ind. habe ich die Endungen eingeführt mit Ausgleich des

Stammvokals, von dem D 963, H 1970 Spuren bieten. Sonst bin ich bei den Verbalendungen übereinstimmender Überlieferung gefolgt.

Zweifellos ist mit diesem Verfahren einerseits zuviel vereinheitlicht, anderseits der Überlieferung zuviel Gewicht beigemessen. Aber das mußte in Kauf genommen werden. Denn die einzig folgerichtige und in ihrer Art unanfechtbare Lösung wäre nach der Lage der Dinge ein buchstabengetreuer Abdruck; und mit dem wäre bei der fehlerhaften, räumlich wie zeitlich von der Dichtung selbst gleichweit entfernten Überlieferung schwerlich jemand gedient.

Also gut die wile was,
daz der heilige Krist geboren wart,
also gut was ouch die wile,
daz geboren wart die kunigin Marie.
5 und were der heilige Krist nit geboren,   5
so were manic sele verloren.
ach Jhesus, vil lieber here,
nu envar uns [ouch] nit mere,
in din himelische genade uns wollest senken.
10 daz wir nit dar an gedenken,   10
wer uns daz leben hat gegeben,
[daz hat gedan] aller werlde ein scheppere!
vil gerne mugent ir horen daz,
war umb got die vierzic dage vast:
15 daz det er fur unser sunde,   15
der kristenheit zu urkunde.
was wir durch daz jar sunden begingen,
daz daz die vierzic dage an sich vingen.
Nu wil ich mir selber beginnen
20 von dem grawen rocke singen.   20

1—2 *eine Zeile H.*   1 was d. w. *H.*   2 Do . . .
was *D.*   4 sandt M. *D.*   5 und *fehlt H.*   6 weren
m. tausent selen *D,* manyge s. *H. Nach* 6 Die alle sament
verloren worent Ob der süsse Krist nit wer geboren *H.*
8 Nun füre von uns nit zu verre *H, aber* here *reimt in der
Regel*: -êre.   9 Din vil h. g. (u. w. s. *fehlt*) *H.*   10 [nit]
Berger.   11 g. her *H.*   12 aller der w. sch. *D.*
14 hayligen . lx . *D.*   16 ainem vrk. *D.*   17 durch
j. sünde beginent *H.*   18 Das sy *H,* d. hayligen . xxxx .
t. gar *D,* zügent *H.*   20 Vnd wil v. d. hayligen gr. *D,*
sprechen do s. *H.*

er wart gewurket zware
von eines schonen lambes hare.
[den hat gespunnen die edel und frie
die kunigin sant Marie]
25 min frouwe sant Marie in [selber] span,   25
sant Helene in [selber] wurken began.
er wart gewurket und nit genat
und wart gewurkt mit flize[n],
der grawe roc sal nit brechen noch slizen,
30 er wart gewurkt uf dem berge Oliueti,   30
der here slouf selber dar in.
do der grawe roc wart bereit,
unser here in [selber] an sinen lip leit.
dar innen vaste er vierzic dage
35 nach der heiligen geschrift sage.   35
mit also guder minne
wolte er uns von der bittern helle gewinnen.
. . . er uns erloste,
sit quam er dem kunige Orendel zu droste.
40 Nu horent an disen stunden: 40
ez wart an eime [dutschen] buche funden,
wie daz der arme ellende Judas
unsers heren verreder was.
Judas unsern heren [ouch] verriet,
45 er genoz sin sider niet.   45

---

22 lemleins *D.*   23 Dar zu span jn d. e. u. die fr. *H.*
24 Die edele k. *D,* Selber d. k. *H.*   *Nach* 27 Das selbige
edel minnigkliche wat *D,* Vnd sol weren allewegent *H,*
Wiederherstellung, auch in den folgenden Versen, unmöglich.
28—29 *umgestellt in H.*   28 Vnd w. auch *D,* Wan er.
w. *H.*   31 Cristus der h. *D,* Er . . . jnne *H.*   34 die
hayligen . **xxxx** . t. *D.*   35 Das ist wor als ich vchs
sage *H.*   36 Vnd mit *H,* also grosser lieb vnd eren *D.*
37 Von der b. h. w. er u. g. *H,* helle keren *D.*   38 Vnd
wie *DH,* von wêwe *Ettmüller.*   39 Do *D,* Orender wol *H.*
40 zu d. st. *H.*   41 wart ein Tütsch b. *H,* gefunden *D.*
45 Vnd g. s. sicher gar n. *H,* auch seyd her *D.*

die juden dar zu gingent,
unsern heren sie an daz kruze hingent.
sie leiten in diefe in ein graf.
nu horent, wie ein alder jude sprach:
50 'ein richer kunic [und ouch] Herodes,   50
hude saltu mir lonen [des]
[alles] des dienstes, so ich dir han gedan
volleclichen dru und zwenzic jar.
ein richer kunic [und] schone,
55 daz saltu mir [noch] hude lonen.   55
gip mir den grawen roc vil here,
den an druc der kristen bredigere,
vil richer kunic here,
so bitten ich dich nit mere.'
60 **Do** sprach konic Herodes: 60
'da mide si dir gelonet [des].'
do der jude die rede vernam,
er hup uf den roc und druc in dan.
er druc in also *gerihte*,
65 da er einen [schonen] brunnen wiste,   65
und wusch in uz dem brunnen
und druc in an die sunnen
und breite in uf die erden,
daz er solte drucken werden.
70 unser here [Jhesus Kristus] daz gebot,   70
daz sin [rosenvarwez] blut

---

48 vil tieff *D.*   50 ein *fehlt H.*   51 Noch heüte *D.*
53 drissig *H.*   54 Auch r. k. herr vnd auch sch. *D,* Du
r. k. *H.*   56 rock vil gr. her *H.*   57 Den do *H,*
Jhesus der cristenhayt *D.*   58 Du vil *D.*   59 dich
fehlt D.   60 der k. *H.*   62 Da nun *D,* Also *H.*
63 grouwen r. *H,* von dan *D,* frolichen hien dan *H.*
64—65 *umgestellt in H.*   64 *wie Berger,* also bald mit
listen *D,* Vnd tet nach sinem gelüste *H.*   65 sch.
lauter *D.*   68—69 *fehlen H.*   70 cristus der vil gut *D.*
71 Gebot d. s. vil r. *D,* blut so rot *H.*

an dem [grawen] rocke stu[n]t
in allen den geberden,
als er erst gemartert were.
75 als konic Herodes daz ersach,
er verbot dem selben juden daz,
als liep ime sin leben were,
daz er den roc [mit ougen] nummer ane sehe.
er sprach: 'here . . .
80 des gip mir dri dage frist.'
Er verwurkte den roc vil harte
in einen steininen sarke
und furte in in cleiner wile
des meres wol zwo und sibenzic mile,
85 er warf in an den stunden
zu des wilden meres grunde.
er sprach: 'da lige, du grawer roc,
du wirst nummer [me] funden, daz weiz got.'
die wazzer sich entsluzzen,
90 do quam ein siren geflozzen,
der den selben sarc uf brach,
da der grawe roc inne lach.
do floz er drier sumer dage lanc

---

72 In *D*, strunt *H*. *Nach* 72 Als er es empfieng am kreütz
wundt *D*, Also es noch wol ist kunt *H*.   74 aller erst *D*.
75 der k. das e. *H*, ersahe das *D*.   77 *fehlt H*.   78 mit
seinen *D*, rock nit trüge noch tet an *H*.   79 herr Jhesu
crist *D*.   80 nun drey *D*.   79—80 Er sprach here
des wil ich teding und frist han Das verbot er im an das
leben sin Vnd truge in von der ougen schin *H*.   81 Der
gr. r. ward verwürcket v. h. *D*, vil *fehlt H*, *vgl.* 3210.
83 fûrten *D*, in vil *H*.   85 an der selben stund *D*, zu
d. *H*, *vgl.* 569, 621, 1306.   86 In . . . grund *D*.
88f. wisz Got *H*.   89 Das w. kam mit flüssen *H*.
90 Do die wasser mit vil sint g. *H*.   89—90 Nu kamen
die vngestûm des môrs *P*, *vgl. von sente Brandan hg. v.
Schröder V. 663 u. Anm.*   93—94 *umgestellt in H*.

durch ein gewilde in ein lant,
95 da quam [d]er [grawe roc] uf einen sant,
dar in der siren betwanc.
er barg *in* also werde
nun klaftern under die erde.
da lac der grawe roc, daz ist war,
100 volliclichen uf ahte jar.
und in dem nunden jare
[do quam] der selbe roc zware
do quam also werde
her wider uf die erde.
105 do quam ein armer wallender man,
der wolte zu dem heiligen grabe gan.
er enkunde mit allen sinen sinnen
keiner slahte kiel finden
noch keiner slahte galin,
110 des sullent ir vil sicher sin.
er was geheizen Tragemunt,
ime warent zwei und sibenzic konicrich kunt.
do wallete er in Zippernlant,
do quam der waller uf den sant.
115 Also fant er den roc gut,
den got zu siner marter druc.
mit sinen [sne]wizen handen

(margin line numbers: 95, 100, 105, 110, 115)

---

94 In . . . und in *DH*, durch das landt der vngetaufften
hayden *P*.   95—99 Do kam d. gr. r. daz ist wor *H*.
96 Do . . . hin bezw. *D*, Der enngel gottes wolt yn da
so vnwerd nit lenger ligen lassen *P*. *Ettmüller stellt* 96
nach 93.   97 b. sich *D*, verbarg jn *P*, *Berger* in. 98
tieff vnder *D*.   100 Volleichte *H*, wol auff *D*.   101 An
dem *H*.   102 derselb grawe *H*.   103 Zû landt also *D*,
Er k. a. *H*.   107 kunde *H*.   108 Kainen geschlachten
D, keinen niergent f. *H*.   109 kaine geschlachte *D*.
110 Das *D*.   111 genandt *D*, *vgl*. 163, 222, 415, 1569,
1872, 2451 *gegen* 1209, 1276 *im Mentwinabschnitt*.   112 zwei
und *fehlt H*.   113 wolte er uff *H*.   115 Do *H*, Also
kam er *P*, grawen rock *H*, den Rock *P*.   116 martrer *D*.

zucte er in von dem sande.
er sprach: 'here, den roc hastu mir geben,
120 den wil ich an minen lip legen
und wil in dragen also stille
durch des mannes sele willen, 120
der dar in erdrunken ist.
du weist wol, himelischer Krist,
125 daz ich sin bedarf gar wol.
wer nu gode wol gedruwet,
wie rehte wol der buwet!' 125
also sprach der wallende man:
'dem kan ez nummer missegan.'
130 er wusch den grawen roc guden
uz des wilden meres fluden.
unser here daz gebot, 130
daz sin [rosenvarwez] blut
in dem [grawen] rocke stu[n]t
135 in allen den geberden,
als er des selben dages gemartert were.
do daz der wallende man ersach, 135
daz wort er snelleclichen sprach:
'ach du himelischer drehtin,
140 diz mac wol din roc sin,
[here] do du emphinge den speres stich,
den lide du, lieber here, durch mich, 140

---

118 Schüte *H*.   123 in dem rock *D*, darinn *P*.
125 *fehlt H*, das mir diser wat vast not ist *P*. *Nach* 125
Als ich von recht vnd pillich sol *D*.   127 der wol *D*.
128 also *fehlt H*, arme wallende *D*, ellende *H*.   129 Wie
kan es jm nun m. *H*.   130 vil gut *H*, *vgl.* 147*f*.
131 flut *H*.   133 Da sein vil *D*, blut rot *H*.   134 rock
was behut *H*.   *Nach* 134 Gleich also er erste frisch wer
wundt *D*.   135 Vnd in *D*.   137 an sach *D*.
138 schnellentlichen *H*.   139 herre mein *D*.   140 Das
D, diß klaid *P*.   141 do *fehlt H*, des sp. st. *D*, den sper
st. *H*.   142 hastu geliten *D*, lieber *fehlt H*.

und durch allez menschlich konne,
wie du uns von der bittern helle gewonne.
145 der roc zimet mir nit zu haben
noch keinem sunder uf erdrich zu dragen.'
uf hup er den roc gut   145
und warf in wider in des meres flut.
do quam ein fisch, der hiez der wale,
150 der verslant den roc in sinen magen.
er furte in an den stunden
zu des wilden meres grunde.   150
er druc in in sime magen,
als ich die geschrift hore sagen,
155 daz sullent ir wizzen und ist war,
volleclichen uf ahte jar.
Ez sprichet an dem buche [also],   155
ein stat lit uf der Muselen [do],
die ist zu Triere genant,
160 gar widen ist sie erkant.
dar inne was gesezzen
ein here wol vermezzen,   160
konic Ougel was er geheizen.
er was ein rehter meister

---

143 menschen *H*, menschlich *P*.   145 tragen *H*.
146 keine . . . haben *H*.   147 grawen r. *H*, gûten *D*.
148 wilden môres flûten *D*.   150 über alle *H*.   151 zu
den *H*, den selben *D*.   152 In . . . grunden *DH*.
153 visch magen *H*.   154 Also lang als ich es uch
sagen *H*.   155 auch war *D*, das ist w *H*.   156 Volligk-
lich *D*, Vollentlichen *H*.   *Nach* 156 Das mercke wer do
wôlle Des hat das erste bûch ain ende *D*.   157—58 [also]
[do] *nach Harkensee Diss. 1879 S. 20.*   157 Er *H*.
159 ze Tr. *Ettmüller,* Sy heisset und ist genant *H*.
160 Trier und ist ouch wol e. *H*.   162 gar wol *D.*
163 eygel *D*, Segel *H*, Anngel *P*, Ougel *Berger, dazu
nicht stichhaltig Singer, Apoll. v. Tyr. 1895 S. 3;* genant *H*.
164—66 *Stellung wie Ettmüller,* 166, 165, 164 Vber z. k.
was er ain h. r. Vnd ain r. m *D*, Zw. k. stunden in siner

165 und ein here richer
  uber zwolf kunicriche,
  die warent ime alle underdan.   165
  der kunic ziehen began
  dri sune herliche.
170 *der zwene ouch wurden riche.*   —
  der dritte wart gezogen [uf] zeize
  [der junge] kunic Orendel wart er geheizen.
  [er wart also rich und also here] 170
  ime wart underdan daz [heilige] grap *unsers heren*
175 und daz lant zu Jerusaleme.
  in zoch der kunic, daz ist war,
  volleclichen uf druzehen jar . . .
  do entphinc er sin swert zware.   175
  An des guden heren sant Stefans dage,
180 als wir daz buch horen sagen,
  er ginc uber den hof vil snelle
  in eine schone capelle.
  do liez er sich also suze   180
  vor unser lieben frouwen fuze.

---

hant Die er alle sampt besasz Vnd ir aller ein herre was *H*,
H beseitigt, jedoch nicht immer, rührende Reime, vgl. bes.
2150, 2480.

 167 Vnd w. i. ouch u. *H.*   168 Der selbe künig dry
süne gewan *H.*   168—69 hett drey Sün die er ertzoch *P.*
169 *fehlt H,* Vnnd drey *D.*   170 Der zwen auch måchtig
vnd reich wurden *P.*   171 Der ain *D,* Der eine *H,* aber
der drit *P,* uff beissen *H.*   174—75 I. w. vnd. Das
h. gr. vnd die stat J. *D,* I. w. u. d. h. gr. uber mere Vnd
d. gut lant z. J. *H,* das er das hailig grab tzů J. erstrayt
vñ das hailig land daselbst *P; vgl.* 231, 271.   176 Dar
zu zach *H.*   177 Wollentlichen *H.*   *Vor* 178 *ver-
mutlich* und in dem vierzehenden jare, *vgl.* 101, 3729.
178 sch. das ist war *H.*   180 dis *H.* 81 so sch. *D.*
182 Do vand er *H,* recht sch. *D.*   184 Der künigin Maria
zu iren füssen *H.*

185   er sprach: 'hude han ich entphangen zware
         min swert uf [der kunigin] sant Marie gnade,
         daz sie mir helfe uf diser erde,
         daz ich [ein guder ritter *und*] *ein rehter rihter* werde 185
         uber widewen und weisen:
190   des bitten ich den himelischen keiser
         und bitten es ouch die vil werde,
         die kunigin sant Marie.'
         er ginc uber den hof [also] gedrade   190
         in eine schone kemenade.
195   do er sinen vader [den kunic] ane sach,
         gerne mugent ir horen, wie er sprach:
         'here und vader, ez were nu zit,
         daz ir mir gebent ein wip,   195
         die mir wol gezeme zu [der] minne,
200   uber daz lant zu [einer edelen] kuniginne.
         der wolte ich morgene gaben
         mit herzogen und mit graven,
         mit druzehen kunicrichen.   200
         ich sagen uch, vader, werlichen,
205   die wolte ich ir machen underdan,'
         also sprach der konic lobesam.

---

185 er spr. *fehlt H*, mein schwert zw. *D.*   186 M. schw. *fehlt D*, M. s. in disem nüwen jor *H*, auff dein mûterliche gnad *P.*   187 Und bit die künigin Maria uff e. *H*, das du mir helffest . . . auff disem erdtreich *P.*   188 *ergänzt von Berger.*   188—89 vñ auch ain rechter richter . . . über wittwen vnd waisen *P.*   189 Zů beschützen wi. *D.* 190—92 *fehlen H.*   190 Das b. i. dich himelische kayserin *D*, vnd bitt für mich den hymelischen Kayser *P.* 191 des hilff mir werde magt *P*, *aber P hat die ganze Rede in der 2. Pers.*   193 getate *H.*   197 nun wol *D*, nun lang *H.*   199 z. d. liebe *D.*   200 disz *H*, l. ain k. edele *D.*   201 morne geben *H.*   202 greffen *H*, *vgl.* 2888, 2900, 3182.   204 es vch *H*, vater und herre *D.*   206 also *fehlt H*, der iunge k. *D.*

do sprach der konic Ougel:
'nu enweiz ich keine frouwen   205
in druzehen konicrichen,
210   die dir moge gelichen:
sie sint dir alle sippe,
[drut sun] daz mahtu selber wizzen,
wan ein kunigin eine: 210
die ist also schone und reine,
215   sie ist ein edel kunigin here
und ist gesezzen vil verre
uber des wilden sewes flut,
sie ist ein edel kunigin gut.   215
sie hat sich gezogen in wisdum
220   und hat doch werltlichen rum
vil gar an sich gewunnen:
sie ist aller frouwen ein wonne.
sie ist geheizen frouw Bride,   220
die schonste ob allen wiben.
225   ir dienet daz heilige grap
dar zu vil der heidenschaft.
mohte ich dir, drut sun, mit sinnen
die edele kunigin gewinnen,   225

---

207 Eygel thŭt sun ein *D*, engelein *H*, Ougel: frouwen
Bartsch Germ. 5 S. 111. 208 wisz *H*, aller fr. kein
D H, Sun ich waisz kaine *P*. 209 Durch *D*, in *P*.
211 syppen *D*. 212 wol wissen *D*, D. m. trut sun s.
w. *H*. 213 Auszwendig wenn *D*, Uszgenomen *H*, allein *D*.
214 D. i. ain schŏnes weib a. r. *D*. 217 den *D*, Genne
sitt dem w. see *H*. *Nach* 218 Sy ist edel und hochgemut *H*.
219 het *D*, richtum *H*. 220 ouch *H*. 221 genomen
H, *vgl.* 164—66. 222 ob allen fr. e. wonen *H*, brunne
D, *verlesen wegen* Breyden 223 ? 224 aller wibe *H*, v. d.
Hagen Heldenbuch 1855 I S. CXI die was geheissen frowe
Bride vnd wz ouch die schŏnstte ob aln wiben. 226 Vnd
d. *D*, der *fehlt H*. 227 drut sun *fehlt H*. 228 Sun
die *H*.

du soltest werden nummer so here,
230 du*ne* soltest dinen lip und [ouch] dine sele
oppern dem [heiligen] grabe unsers heren.'
do sprach der konic Orendel:
'vader, daz ellende   230
wil ich gerne buwen
235 durch die schonen juncfrouwen.
heizent mir bereiden schiere
zwene und sibenzic kiele
und heizent mir dar an dragen   235
des ich aht jar genuc habe:
240 daz wil ich allez verzeren
durch got und des heiligen grabes eren
und ouch in guden druwen
durch die schonen juncfrouwen.'   240
kunic Ougel hiez balde springen,
245 sine zimmerlude gein hove bringen.
[sie hiez der edel kunic here
faren zu dem weterischen mere.]
Er hiez die boume vellen   245
und hiez die kiele stellen,
250 er hiez sie bereiden schiere
zwene und sibenzic kiele.

---

229 Auch lieber Sun / vor allen dingen / habt got vor
augen *P*, *vgl.* 477*f*.   231 vnserm herren dem hailigen
grab *D*, dem h. gr. uber mere *H*, *vgl.* 271, *Vogt ZfdPh. 22
S. 490.*   232 O. des ich willen hab *D*.   233—34 *eine
Zeile D*.   238 haysz m. an de kyel *D*.   239 Speysz
das *D*, Das . . . müg haben *H*, wol geladen mit speysz vnd
klaydern vnd was man auff Acht gantze jar bedarf . . . *P*.
241 des grabes *D*.   244 Eygel *D*, Origel *H,* her-
springen *D*.   245 S. z. hiez er g. h. *D*, Vnd hiesz bald
s. z. *H*, . . . als die zů hoff kamen *P*.   *Nach* 245 Do er
sy ferrest an sach Das wort er gůtlichen sprach *D*.
246—47 *fehlen H P, die törichten Verse stammen wohl von
demselben, der* 341—54 *einschob.*   249 bestellen *H*.
250 *fehlt H*.   251 Der zw. u. s. waren *H*.

an dem dritten jare
do swebetent sie uf dem [wilden] wage.   250
do sprach der kunic Ougel gereit:
255   'drut sun, die kiele sint schiere bereit.
nim zu dir an disen stunden
aht konige biderbe und frume
und siben bischofe here,   255
die fur mit dir uber daz wilde mere,
260   lant und ouch die [selben] lude:
die dunt, waz du in gebudest.'
do sprach der konic Orendel
ane alle missewende: 260
'vader und ouch min here,
265   dunt rehte, als ich uch leren,
und sehent, daz ir keinen man twingent
uber sinen frien willen,
er *en*wolle dan vil geswinde   265
verzihen uf wip und kinde
270   und *en*wolle sinen lip und sine sele
oppern dem [heiligen] grabe unsers heren.
ist ez, daz ir deheinen man twingent
uber sin selbes mutwillen,   270
und erdrunke er uf dem wage,
275   so wirt er de*n* vische*n* zu eime aze,
so versaget ime Krist sin riche:
ich sagen uch [vader und here] warliche,

---

253 *fehlt* H, schwebent *D.*   254 eygel *D,* Do sp.
der vil gemeit *H, vgl.* 164—66.   255 sun mein *D.*
256 diser stund *D.*   257 *vgl.* 292.   259 das mere *H.*
263 missewendel *D.*   266 So sehent *H.*   267 Oder
uber s. w. tringent *H.*   269 Verzihen *D,* und uff *H.*
270 vnd auch *D.*   271 h. gr. und Sant Michahele *H.*
273 Ober sins eignen m. Hüte dar in gehüllet *H.*
274 und *fehlt D,* ertrinke . . . mere *H.*   275 dem
fische *D,* So wer jm die fart zu swere *H,* vischen *Ettmüller.*
276 verseite *H,* im cristenreich *D.*   277 her vatter
sicherliche *H, vgl.* 264.

so wil got an dem jungsten dage   275
die sele von uns haben.
280 so ist ouch gar bose zu velde vehten
mit betwungen knehten.
do hatte an disen stunden
der junge kunic gewunnen   280
zwolf smide sazen,
285 sie daz nit vergazen,
daz silber sie do wurkten,
uz [dem] golde sie do smidten
vil manigen guldinen sporn.   285
daz schuf der [junge] kunic ho geborn.
290 der junge kunic lobesam
einen rinc ste*ll*en do began.
er sprach: 'wa sint ir, kunige frome,
die . . . wollen komen,   299
die durch got und des heiligen grabes willen
295 mit mir uber den wilden se wellent?'
do hup sich balde an eine schar
aht kunige verwapnet gar

---

279 sele bede *D*, sellen alle *H*.   280 Es ist *H*, ist
gar *D*, Bedenckent auch das veld streyt . . . *P*.   281 Mit
den *D*.   282 h. er an den *H*.   283 Zwolff fründe
g. *H*.   284 Die sint nit vergessen *H*.   285 Sy habent
sich vermessen *H*.   286 das sy do *D*, Mitt dem richen
solde *H*.   287 Sy wurcktent usz dem golde *H*.
290—91 *fehlen H*.   291 Ringe steheln *D*, (*nach Angabe,
daß sie gerufen seien*) die stalt man an aiñ ring *P*, ringe
stellen *Berger, aber es handelt sich nur um einen, vgl*. 308.
293 Die mir zů hilff w. k. *D*, Die durch Got und das heilge
grap k. *H*.   294 Mit mier und minen gesellen *H*.
295 mit mir *fehlt H*.   292—95 *u.* 300—2 *zusammen-
gezogen*: faren über mõr . . . durch die Eer gotes . . *P*,
Verderbnis in *A* ?   296 hüben *D*, balde ein schar *H*,
vgl. 325, 1566, 1869.   297 erwonschet *H*.   *Nach* 297
Acht künig edel vnd reich *D*.

mit iegelichem dusent ritter herlich.   295

der junge kunic lobesam

300   er sprach: 'wa sint [herzoge, graven und]

                               dienstman,

die durch got und des heiligen grabes ere

mit mir farent uber den wilden sewe?'

der junge kunic lobesam   300

zum andern male rufen began.

305   do hup sich ander werp ein schar,

dusent ritter verwapnet gar.

do kunde er mit allen sinen sinnen

die heren von dem ringe nit bringen.   305

do hiez er uf den hof dragen

310   zwene olbende warent wol geladen

mit manigem guldinen sporn:

d*a*z schuf der jungelinc wol geborn.   —

er hiez sie schuten uf den hof,

vil lude rief der [junge] kunic doch: 310

315   'nu wol dar, ir stolzen helde!

ir *enkoufent nit* die heizen helle

umb daz golt so schone und rot:

wan ich sagen uch, ir muzent liden not.'

umb die rede vil unmazen   315

---

298 Ieglicher mit tusent r. h. kam *H, vgl.* 1391.
299 vil l. *H*. 300 sint jr h. und g. here *H, es folgen aber* 306
nur 1000 Ritter.   302 wolent faren ... se dan *H*, über
mốr *P, doch vgl.* 295.   304 *fehlt H.*   305 an der
stunt an *D, vgl.* 296, aber an eine sch. ?   307—8 *fehlen H.*
309 Do bracht man uff den plan zwen wagen *H.*   310 be-
schlagen *D.*   310—11 Mit güldin sporen wol geladen *H.*
312 *fehlt H*, Do sch. *D, vgl.* 289.   313—14 *fehlen H.*
315 das ... ritter und h. *H.*   316 *wie Ettmüller,*
Vnd k. *D.*   316—17 doch lasset eüch das gold so wol
nicht gefallen das ir die haissen hell darum kauffet *P.*
317 so *fehlt D*, und so *H.*   318 Doch so sag jch üch
H, waῆ ich sag eüch ... *P.*

320 woltent sie ez nit lazen:
die stolzen ritter jungen,
wie balde sie uf sprungen,
wie balde sie sich bucten,
die guldinen sporn sie uf zucten.   320
325 do enbleip nie me dan zwene,
die nam der junge kunic bede.
der junge kunic lobesam
ein bilde *giezen* do began
von dem roden schonen golde   325
330 als erz [zu Jerusaleme] zum opper haben wolde.
ez was ein bilde so herlich,
unsers heren [bilde der] marter was ez glich.
der junge kunic lobesam
urloup er von dannen nam   330
335 zu vader und zu muder,
zu suster und zu bruder,
zu frunden und zu magen.
do kerte er gein dem wilden wage.
die heren nit lenger beiten,   335
340 die schif sie bereiten,
die hiez man alle wol laden,
also wir daz buch horen sagen,
mit brode und ouch mit wine,
mit manger hande spise.   340

---

320 Wöllent ir sy nit *D*, nit underwegen *H*.   322 Vil
b. *H*.   323 Gar b. s. bedachten sich *H*.   324 sy alle
D, Und zücktent die sporn fürderlich *H*.   325 blibent
nit *H*, nicht *P*.   326 k. schene *H*.   327—32 *fehlen H*.
328 gleissen *D*, liesz er machen ain gantz gulden Creütz /
daran ain bild geformt *P*, giezen *Berger*.   330 daz
wolt er opfern *P*; *Verse überfüllt durch den Zusatz* zu
Jerusaleme 454, 847, 1691, *D* 2022, 2373, 2975, 2995, *auch*
3244, 3249, 3809? 338 zu d. w. wagen *H*.   339 nit
lang *H*.   340 Zů sch. *D*.   341 alle *fehlt D*.
342 dis *H*.   343 ouch *fehlt H, vgl.* 357 *u. ö.*   344 sp.
fein *D*, Und m. ley sp. darin *H*.

345 ir arken sie entsluzzen,
von dannen sie do fluzzen
uf der Moselen hin zu dal,
do hup sich [ein] froudenricher schal.
da zu Kobelenz an dem Rine   345
350 da saz uf die meiste menige.
sie furent den Rin hin zu dal,
die stolzen ritter uberal
unz an das weterische mere,
dar quam der konic und allez sin here.   350
355 do lut man die kiele
vil wunderlichen schiere
mit brode und ouch mit wine,
mit manger hande spise.
Do gahetent sie an die schif mit kraft,   355
360 die vil stolze herschaft.
sie zugent uf ir segele,
die kiele fluzzent ebene,
do furent die [selben] heren
mit harte grozen eren.   360
365 do fluzzen sie mit alle
sechs wochen also lange.
do quam ein starker sturmwint
und warf die ellenden kint,
daz vil wunderliche here,   365
370 uf daz wilde clebermere.
da lagen sie *mit alle*

---

345 beschlussent *H, Berger Anm. vermutet* anker gesluzzen *wie* 3006.   349—52 *fehlen H*.   353 Bisz *D,* wüttende m. *H.*   356 Gar w. *H.*   358 sp. fein *D,* Und tet ouch m. h. sp. darinne *H.*   359 giengent *D,* sie *fehlt H, vgl.* 2940, 3368, 3800, 3896.   361 jren *H.* 362 die fl. *H,* gar eben *D.*   364 So m. gr. *H.* 365 m. schalle sange *D,* m. schalle *H, vgl.* 1867, 2382, 2944, 3012, 3186, 3320, 3727.   366 w. alle *H.*   368 Er w. *D.*   369 wünnekliche *H.*   371—72 Auff dem Mŏr

dru jar also lange,
ros und ouch die lude,
als uns daz buch bedudet.   370

375 der junge lac in grozer not,
er forhte, er muste liden den dot.
do was der junge kunic bestanden
und mohte nit kumen von dannen.
nu radent alle in disem ringe,   375
380 wie wir sie von dannen bringen.
daz erbarmete die frie,
die kunigin sant Marie,
sie sprach: 'drut sun, vil guder,
hilf dem kunige Orendel uz noden.   380
385 drut sun, vil lieber here,
durch dines heiligen grabes ere,
durch des willen er sich hat uz gehaben,
drut sun, du salt ez ime nit versagen.'
do det ein zeichen unser here   385
390 durch siner muder [sant] Marien ere.
er sante dar einen stormwint,
er warf die ellenden kint,
daz vil wunderliche here
wider ab dem clebermere.   390

---

sy l. drey iar Das ist sicherlichen war *D*, D. l. s. dry jar
a. l. Also recht herte gefangen *H*.

373 Sicherlich die selben l. *H*.   374 disz *H*, bedeüte
D, betütte *H*.   375 kam in grosse n. *H*.   376 kommen
in den t. *D*.   378 kund auch *D*.   379—80 Sy rieten
alle in dissen dingen Wie sy sych danan mochten br. *H*.
381 Do erwarp die edel und d. fr. *H*.   383—85 S. sp.
dr. s. vil lieber herre *D*.   383 drut *fehlt H*.   386 des
h. kreützes *D*.   387—88 *fehlen H*.   388 Das er wil zum
hayligen grab *D*, *vgl*. 703, 819 *u. ö*.   389 grosz zaichen *D*.
390 sin *H*.   391 strengen windt *D*.   392 Er brachte
danan d. *H*.   393—94 Das sy worent ab dem Cleber mer
komen *H*. *Nach* 394 Herwider auff die dunnen *D*.

Altdt. Textbibliothek Bd. 36. Orendel.   2

395 sie riefen unde sungen,
     wan sie nie waren kumen
     her wider in drin jaren:
     do swebeten sie uf dem wage.
     sie zugen uf ir segele,
400 ir kiele fluzzent ebene,
     do furen die [selben] heren
     mit harte grozen eren
     mit einer starken menige
     gein der wusten Babilonie.
405 dar inne warent gesezzen
     zwene und sibenzic kunige wol vermezzen.
     do sagete in ein vischere
     vil schiere fremde mere:
     'ein kristenman mit eim grozen here
410 kumt gefaren uf dem mere
     mit zwein und sibenzic kielen.'
     die mere sagete er in vil schiere.
     under in was gesezzen
     ein heiden wol vermezzen:
415 er was geheizen Belian,
     er het den kristen vil zu leide gedan.
     der konic sich schiere besande
     gar wide in sime lande,
     unz daz er zu ime gewan

395 růfften *D*, rufftent *H*.   396—98 *fehlen H*.
396—97 *eine Zeile.* Das sy n. w. k. in dr. i. *D*, wann sy
in dreyen ganntzen jaren nye nicht hetten gefaren mügen
P, vgl. D nach 394.   400 gingent *H*.   402 M. hohen
gr. *H*.   403 st. grossen *D*.   404 Gegen *D*, Zu d.
grossen B. *H*.   406 Heren und k. *H*, zwen vnd sibentzig
künig *P*.   409—12 Es kümpt ein Kristen man Mit
lxxii kiellen wol getan *H; urspr.* ein kr. m. kumt schiere mit
zw. u. s. kielen *?*   414 haydenisch man *D*, heiden-
scher könnyg v. *H*.   416 Der h. *H*.   417 sich bald *H*.
418 Bald in *H*.   419 Bisz er *D*.

420 vil manigen heidenischen man.
er hiez sie balde ilen
an die grozen roupgalinen,
er fur den kielen engegene
der heidenische kunic ebene.   420
425 do er sie verrest ane sach,
gerne mugent ir horen, wie er sprach:
'ir vil stolzen helde gut,
gewinnent einen frischen mut!
umb daz golt also rot   425
430 die kristen muzen liden den dot.'
sich hup ein sturm mit nide,
daz wizzent ane zwivel.
der strit enwerte nit lange,
einen sumerdac was er zugangen,   —
435 unz der kunic lobesam   430
den sige an den heiden gewan.
do erdrencte er an den stunden
der heiden wol funf hundert,
die andern ime entrunnen,
440 *ir ieglicher mit diefen wunden,*   —
in allen den geberden,   435

---

420 haydenischen manchen *D*, Wol m. h. dienstman *H*.
421 *fehlt H.*   422 gr. galleien *H.*   *Nach* 424 Wolte
in wider satz geben *H.*   425 schier ane *H.*   428 Nun
habt *D.*   430 nemen ainen bittern t. *D*, hie l. *H.*
431 ein stritten do *H*, ainen gar hertten streit *P.*   432 allen
zw. so *H.*   433 Das e. n. l. auff dem Môr *D*, Das werte
n. l. uff dem mere *H.*   433—34 Also weret der streydt
ainen gantzen tag *P, vgl.* 1424*f.*, 1436*f.*   435 Bisz d.
k. mit seinem hôr *D*, l. und here *H.*   *Nach* 435 Vnd
auch der künig lobsam *D.*   *Nach* 436 Des entgalt manig
heidenescher man *H.*   437 Er ertr. *H*, auff d. *D.*
438 h. mer dan *D*, fünff zehen *H.*   440 Vnd im nit
werden kunden *D*, An denselben stunden *H*, vnd ward
auch jr kainer nye wund *P, vgl.* 1429.

als sie nie dar kumen weren.
also die ritter junge
den sige do gewunnen,
445   sie riefen unde sungen,
sie heden froude und wunne.   440
sie zugen uf ir segele,
ir kiele fluzzen ebene.
do furen die [selben] heren
450   mit harte grozen eren.
ir kiele warent wol geladen,   445
als wir daz [dutsche] buch horen sagen,
mit spise und mit gewande.
do sie furen gein [Jerusaleme in] dem lande,
455   do quamen sie also nahen,
daz sie daz heilige grap sahen.   450
der junge kunic Orendel
bot uf sine [sne]wizen hende,
er sprach: 'himelischer vader und here,
460   hude hilf mir ab dem wilden mere!'
do er daz wort ie vollen gesprach,   455
zu beden siden er do sach
die vil starken winde,
die gingent also [ge]swinde
465   durch des wilden meres flut:

---

442 Als ob sy *H*, durch raubes willen nye *D*.   444 ge-
wunden *D*, hettent gewonen *H*.   445 Do rufftent sy
u. *H*.   446 grosse freüd *D*, Und h. aller froüden w. *H*.
452—53 *umgestellt D*.   452 disz buch *H*.   453 spisen
H, vnd auch g. *D*.   454 Das sy f. zů J. *D*, Als sy est
woltent füren g. J. zu l. *H*.   456 an sahen *D*, sehen
mochten *P*.   459 vatter here *H*.   460 Noch heüt
D, mier durch din vatterlich ere *H*, heüt … helffen ab
dem wilden môr *P*.   *Nach* 460 Hilff mier ab dis weges
flut Und von dem weter das so gruwelich tut *H*.
461 Ob er d. wort e v. g. *H*.   462 do an sach *D*.
464 alle geringe *D*, *vgl. Vogt ZfdPh. 22 S. 490.*

do gewunnen sie unsanften mut.   460

die starken lunden uf dem mere

die slugen daz kreftige here

an den selben stunden

470 [die zwene und sibenzic kiele] zu des meres grunde.

Do genas nie keiner slahte man   465

wan der junge kunic lobesam:

er besloz sine hende

vaste umb des kieles ende,

475 der dil sich do uz loste,

der quam dem jungen kunige zu droste.   470

daz sullent ir mir glouben,

er hatte got gar wol vor ougen.

do slugent in die lunden

480 vaste in die unkunde,

stoc und ouch die steine,   475

die rizzen ime ab sine cleider,

sin erlich gewede,

daz der junge kunic ane hede.

485 in allen sinen grozen noden

rief er an got den guden,   480

---

466 Und ouch gar wunderlichen wut *H.*   467 linden *H.*
469 Zu *H.*   470 Do fielen die ... zů gr. *D,* Die VII
u. zwentzig k. tieff in *H.*   471 n. k. geschlachte *D,* nie
kein man *H, vgl.* 1466.   472 Dan d. j. her *H.*
473 schlosz *D.*   474 zu des *H,* des ainen hayles *D.*
475 kiele *H,* ain baum *P.*   476 wol zu *H.*   477 gl.
eben *D.*   478 Zů got stůnd im sein leben *D.*
479—80 linden: vrkinden *H.*   480 vrkünde *D,* unkunde
Bartsch Germ. 5 S. 112.   481 Die stock *H,* die *fehlt D,*
vgl. 373.   482 ab vil klein *D,* cleider alleine *H.*
483 erliche gewat *D,* Dar zu s. erliche wat *H, vgl.* 1985.
484 Die *D H,* d. jüngling *H,* hat *D H.*   486 Růff *D,*
Do ruffte *H. Nach* 486 Den rieff er an zware Sandt
Wieland von Bare *D, dazu E. H. Meyer ZfdA. 37 S. 327,*
růfft er .. zů dem hailmacher aller welt vnd zu der magt

daz er ime hulfe uzer not.

. . . got . . . daz gebot,   —

daz er uz quam uf den sant.

490   noch dan stunt der wigant,

er bot uf sine wizen hende

und clagte sin ellende,   485

er sprach: 'ouwe lant und lude,

wie ruwestu mich hude!

495   nu furte ich doch von Triere

zwene und sibenzic kiele.

die sint mir alle versunken   490

und in dem wilden wage erdrunken,'

also sprach der ellende man:

500   'wer mich nu hie siht nacket stan,

der spricht an disen stunden,

ich si von einer roupgaline entrunnen   495

und si ein rouber und ein diep,

daz mir stelen nie wart liep

505   und mir uf diser erden,

ob got wil, nummer sal werden.'

ein loch grup er in den sant,   500

Maria . . . *P*, *vgl.* 667*f.*, 1499f., 1787*f. u. ö.*; *gegen Echtheit
scheint* 488 *zu sprechen.*

    487 ausz *D*.   488 Als im got das g. *D*, Das er nit also geleg
tot *H*.   489 Als er ausz *D*, Do kam er mit Gottes hilff *H*,
Got . . . halff jm auß an den sand *P*; *vgl.* 70, 133. *Nach*
489 Do in mayster Eyse der fischer fandt *D*.   490 N.
dem *H*, *vgl.* 677; do stůnd er in grossem hertzen layd nacket
vnd bloß *P*. *Nach* 490 Allain auff dem sandt *D*; *Aus-
fall oder Entstellung ist möglich, aber was P* (*zu* 490)
bietet, enthalten die folgenden Verse, wo P völlig abweicht.
491 hůb *D*, hub *H*, er bot auf *P*, *vgl.* 458; wizen *fehlt H*.
492 grosses elend *D*.   494 noch h. *D*.   497 sint nun
v. *H*.   498 i. d. mere *H*.   499 Do sp. *H*.   500 mich
nacket hie findet st. *D*, *vgl.* 677*f.*   501 zu den st. *H*.
502 ainem r. *D*.   504 Stelen w. m. n. l. *D*, Wie wol mier *H*,
vgl. 538.   505 Und niemer uff *H*.   506 wil w. *H*.

daz det er mit sin selbes hant,
dar in leite sich der verlustic man,
510 vur war ich uch daz gesagen kan,
ob sin got in sim zorne het vergezzen,
daz in daz gefugel nit [uf dem velde] vrezze. 505
do lac er in dem sande
[vollicllichen] dri dage *also lange.*
515 an dem vierden morgen
do lac er in grozen sorgen.
daz mere horte er diezen, 510
er sach einen vischer [mit siner galine] fliezen.
do rief der ellende man
520 hin uf des wilden meres tran:
[er sprach] 'nu kere her, vischer, durch got
und durch des heiligen grabes gebot!' 515
Der vischer was ein guder man,
er liez die galine zu ime hin dan.
525 do er in von verren ane sach,
gerne mugent ir horen, wie er sprach:
'nu sage du mir, nacketer man, 520
wer hat dich in dise wilde gedan?
ich sehen an disen stunden,
530 du bist ab einer roupgaline entrunnen,
du bist ein rouber und ein diep,
ich lazen dich hude genesen niet. 525
ich wil dich selber vahen

---

509 der kyel verl. *D,* der arm verl. *H.* 510 sagen *H.*
512 essen *D,* Die vogel woltent in uff dem land vressen
H, das jn das geflügel nicht frâsz *P.* 513—16 *fehlen H.*
514 *vgl. Vogt ZfdPh. 22 S. 490.* 518 fischer dort her
fl. *D,* aiñ vischer mit aim schifflin *P.* 519 ruffte *H.*
520 Hie . . . M. fan *D.* 521 gutter v. durch Got
dich zu mir kere *H,* ker her vischer durch got *P.* 522 gr.
ere *H.* 523 biderb m. *H, vgl. H* 521. 524 zu im
gan *H.* 526 Do hörent *H.* 527 Sag du n. m. *H.*
528 die wildnusz getran *D.* 530 ainem *D.* 531 vnd
auch *D.* 533 nun f. *D.*

und an einen galgen hahen.'
535 do sprach der ellende man:
'here, daz were gar ubel gedan.
ir sprechent, ich si ein rouber und ein diep, 536
daz mir stelen nie wart liep
und mir uf diser erden,
540 ob got wil, nummer sal werden.
ja was ich gestern fru
ein vischer rich und here als du: 538
mine garn sint mir versunken
und mine gesellen erdrunken.
545 do half mir got mit sinen genaden
her ab dem wilden wage.'
also muste der wol erborne man 540
durch not sich selber liegen an.
er sprach: 'nu kere her, vischere,
550 zu mir durch des heiligen grabes ere
und durch sant Maria die lieben:
vor einen knecht wil ich dir ummer dienen.' 54
der vischer was ein guder man,
er hiez in in die galine gan.
555 er ginc zu eime struche,
er brach ein loup ruhe,

---

534 Vnd wil dich an *H*, hohen *D*, hehen *H*.   537 Vnd
ir *D*.   538 Stelen w. m. auch n. l. *D*, Wissent das
H, nun waiszt got das mir stelen noch rauben nye lieb
ward *P*, *vgl.* 504.   541 Ich w. auch *D*, Ich w. *H*, ja ich
was gestern *P*.   542 vnd auch *D*, v. und ein her *H*.
543 erdruncken *D*.   544 versuncken *D*, Vnd in dem
wilden mer e. *H*.   546 wägen *H*.   547 geborne *D*.
548 Durch got můst er sich ligen lan *D*, Sich selber nemen
liegens an *H*, durch rechte not anliegen *P*.   549 herr
f. *D*, v. tu dich her keren *H*.   550 zu mir *fehlt D*, ker
zů mir an das land *P*.   551—52 Vnd d. M. d. hoch
gelobte künigin Vnd losz mich din armer diener sin *H*.
553 bider m. *H*.   554 an *H*.   556 einen walt ruche
H, do brach er vordeß rauchen laubes vnd buschach *H*.

daz hielt er fur sine schame,   550
ander wat het er nit ane.
do er in die galine drat,
560   nu horent, wie der vischer sprach:
[do sprach meister Ise,
ein vischer here und wise]   555
'du hast dich berumet, wizze Krist,
du werest ein vischer rich als ich.
565   den gesach ich nie zware
in zwein und sibenzic jaren.
vahestu mir nit in cleiner wile   560
vische vol die grozen galine,
ich slahen dich an den stunden
570   zu des wilden meres grunde[n].'
der junge kunic Orendel
bot uf sine wizen hende,   565
er sprach: 'himelischer [vader und] here,
du salt mir uf dem mere
575   einen boden senden zu,
daz ich des vischers willen du.
wan du weist wol, himelischer man,   570
daz ich nit wol vischen kan.'

---

557 Den *H.*   558 Sunst het er nichts an *D.*   561 Also
H, sp. sich *D*, der vischer Yse *H.*   563 ber. dich *D*, bist
d. berümen *H*, Du hast dich berúmbtt *P*, wizze K. *fehlt D.*
564 *Verdoppelt:* Du sigest e. v. als ich *H*, ain als Reicher
vischer *P.*   565 sach i. n. in disem lande z. *H.*
566 Noch in *D*, Me dan in *H.*   567 mir *fehlt H*, in einer
w. *H*, fachst du mir in ainer klainen w. *P.*   568 roll *H.*
569 Ich würff d. zu *H*, das du mit ainem Rúder . . .
geschlagen würst vnd . . . in das mòre geworffen *P.*
570 tieffen m. *H.*   572 auff zú got s. h. *D*, *vgl.* 458.
574 Wollest mier u. disem m. *H.*   575 zu *fehlt D.*
576 Dermier helff daz *H*; Das ich visch fahe mit meinen
henden *D*, *vgl.* 593, *aber zweifellos alt sind nur Reime*
: handen, *vgl.* 117, 1032, 2131, 2747, 3027 *gegen* 1703.
578 D. i. vischens nit en k. *H*, das ich nicht wol vischen

uf hup er die selben garn
580 und warf sie in dem namen dar
des vader, des suns und *des* heiligen geistes.
die zwolf boden waren sine volleiste. 575
er warf sie wol mit eren
hin in den wilden sewen.
585 do vinc er in cleiner wile
vische vol die grozen galine:
des half ime also schone 580
sant Peter do von Rome.
do meister Ise daz ersach,
590 daz wort er gutlichen sprach:
[er sprach] 'du vil guder man,
die warheit wil ich dich wizzen lan: 585
daz so wol vischen kan din hant,
des saltu haben lon und danc.'
595 sie kerten gegen der klusen,
gegen des vischers huse.
daz was so rehte wunneclich: 590
siben turne herlich
die stunden in der burge,
600 sie gezeme wol eime kunige,

---

kan *P*, *vgl.* 593; *Vorliebe für den gen. des inf. in H auch* 548.

580 In d. namen Gottes liesz er sy farn *H*, vnd warff sy ein *P*. 581—82 Vnd die heiligen zwolff potten Worent sin fursprechen gegen Gote *H*, in dem namen der hailigen Triualtigkaitte Auch der lieben Zwölffpoten ... *P*. 581 vnd h. gaist *D*. 582 in seiner volaist *D*. 583 warff die garn *H*. 584 das wille mere *H*. 585 in einer cleinen *H*. 586 gr. lang g. *H*. 587 Das *D*. 588 P. zu R. *H*. 589 Also m. *H*, das also *D*, gesach *H*. 591 Also du *H*. 594 Das ... grossen l. *D*, h. jmer danck *H*, nicht vngedanncket noch vngelonet *P*. 596 des selben *D*. 597 rehte *fehlt H*. 598 vil h. *D*. 599 vor d. b. zwor *H*. 600 het wol gezimmet *D*, werent e. k. geneme das ist wor *H*, darinnen ainem künig zů wonen tǒuget *P*.

der do seze zu Rome.
dar uf dienten ime also schone   595
aht hundert vischere,
uber die was er ein here,
605 die musten alle dun durch not,
daz in meister Ise, der vischer, gebot.
des vischers frouwe was ouch dar inne,   600
die stunt vil hohe an einer zinne
selpsibende ir dienstwibe,
610 sie waren becleit in peller und side.
do sie in verren ane sach,
daz wort sie gutlichen sprach: 605
'sint gotwilkumen, meister Ise,
ein vischer here und wise!
615 wer ist aber der nackete man,
den ich uf der galine sehen stan?
mich bedunkt an disen stunden,   610
er ist ab einer roupgaline entrunnen,
er ist ein rouber und ein diep,
620 er lat uns ungeroubet niet.
nu wirf in an den stunden
zu des wilden meres grunde!'   615
do sprach meister Ise,
ein vischer here und wise:
625 'nein, frouwe, daz wizzent zware,
ir sullent in baz entphahen.

600—01 *eine Zeile D.*   601 *fehlt H.*   602 jm noch
siner ger *H.*   603 Wol uff a. h. *H.*   604 *fehlt H.*
607 ouch *fehlt H.*   608 vil *fehlt H.*   609 *vgl. Behaghel,*
Dtsch. Syntax I S. 444.   610 geklaydet *D.*   611 von
ferren *D.*   613 wilkum *H.*   615 aber *fehlt H.*
617 Ich sieh *H.*   618 ainem *D,* kumen *H.*   619 vnd
auch *D.*   621—22 *nach* 644 *D H, nach* 620 *Berger.*
621 Er sprach *D H,* nu wirf *fehlt H.*   622 Nu würff in
a. d. m. gr. *H,* werfft jn auß in das mŏr *P.*   624 Er
ist ein *H.*   625 Liebe fr. w. das *H.*   626 e. bas *H.*

er ist unser eigen kneht,   620
er kumet uns zu [unserm] dienste reht,
dar zu kan er uf dem wage
630   die vische wol gefahen.
ich bin fur einen guden vischer gezalt
und bin wol zwei und sibenzic jar alt: 625
alders wolte ich ouch gerne
vischen noch baz von ime lernen.'
635   meister Ise von der clusen
las uf der vische vierdehalp dusent.
er sneit uf einen visch, der hiez der wale,   630
der druc den grawen roc in sime magen.
do er den roc ane sach,
640   daz wort er gutlichen sprach:
'disen roc so grawen
druge ein herzoge oder ein grave.   635
die rouber hant in dar in erslagen,
ich wil dirz nemelichen sagen,
645   *und wurfen* in an den stunden   —
zu des wilden meres grunde.   —
und hat in der visch nach dem blude verslunden.

---

627 einiger *H.*   628 uns *fehlt H*, gar r. *H*; fügt vnß
auch z. u. d. *P*, *vgl.* 2236.   629 den wagen *D.*
630 fahen *D.*   632 me dan s.*H.*   633 Allererst w. *H.*
633—34 geren: leren D, *vgl. P und* 2865, 2872, 3161 *gegen*
3098.   634 Von im vischen *H*, noch wolt ich geren bey
jm leernen vischen *P.*   636 wol v. tusen *H.* *Nach* 636
Er was fro mit frolichem schalle *H.*   637 Schn. er
uff ... heiset walle *H.*   638 ainen gr. *D*, den gr. R.
vnnsers herrn J. chr. *P.* *Nach* 638 Das will ich uch für
wor sagen *H.*   639 er nun *D.*   642 Trůg *D*, wol ein
hertzouwen *H*, ain Hertzog disen Rock getragen hatt *P.*
643 haben ain *D.*   644 dis jmer s. *H.*   644—45 *s.*
621—622; vnd in das mőr geworffen *P.*   647 *fehlt H*,
vnd nach dem blůt hat jn der visch in sich ge-
sogen *P.*

so wol mir, daz ich in han funden!
er gildet mir gerne und ringe   640
650 funf schillinge guldiner penninge.'
do bat der ellende man,
daz er den roc ime gebe *an*,
sinen meister den vischere   —
durch got und des heiligen grabes ere.   —
655 er sprach: 'nu wirt er nummer din,
du*ne* vergeldest in [dan] als er wert muge sin.' 645
do diente er sime meister zwar
nacket sehs wochen gar
unz uf sant Thomas dage,
660 als wir daz [dutsche] buch horen sagen.
do sprach meister Ise,   650
ein vischer here und wise:
'sal diser vil ellende man
dise hochzit nacket vor uns gan?
665 wir sullen ime koufen ein gewant,'
also sprach der vischer do zu hant: 655
'daz vergelde uns got der gude
und Maria sin liebe muder.'

---

648 so *fehlt H*, funden han *H*. *Nach* 648 Ich wil ein gut
getruwen han *H*.   649 Das er m. g. *H*, gern geringe *D*.
651 der nackende *D*, Der arm ellend man *P*.   652—53 *D*.
im der r. möcht werden an S. m. d. fischer Das er im den
rock gebe *D*, S. m. d. v. wol getan Das er jm gebe den
grawen rock *H*, bat seinen maister das er jm den selben
Rock an gåb *P*.   654 *fehlt D*, D. des h. gr. er und
durch Got *H*.   655 er w. n. dier *H*, er w. n. dein *P*.
656 was er w. mag gesein *D*, dan mier *H*. *Nach* 656 Also
türe also er wert müg sin Vnd must daran min diener
sin *H*.   657 Darumb *D*, das ist wor *H*.   658 Nahent
D, S. w. n. zwor *H*.   659 Bisz *D*, an S. Tomans *H*.
660 disz b. *H*.   661 Die frouw sp. m. *H*, do spr. m.
Eysz *P*.   662 reich vnd *D*.   663 Vnd sol der *D*,
diser *P*, wol *H*.   666 do *fehlt D*.   667 vergült *H*.
668 sant M. *D*.

do sprach des vischeres wip:
670   'got vergelde dirz, cleide sinen lip.'
     sie kouften ime vil geringe   660
     eine niderwat umb dri penninge
     und ouch zwene groze rinderin schuhe,
     die stunden dem kunige ungefuge.
675   und einen schafen mantel kouften sie ime
     umb sehstehalben penninge.   665
     dannoch sach man den ellenden man
     ane den grawen roc nacket stan.
     er ginc alleine an eine stat,
680   da er sin har uz sime houbte brach.
     er sprach: 'ouwe lant und lude,   670
     wie ruwestu mich hude!
     nu furte ich doch von Triere
     zwene und sibenzic kiele,
685   die sint mir alle versunken,
     [und] in dem wilden mer erdrunken.   675
     die wolte ich gerne verclagen,
     mohte ich *niwan* ein cleit haben,
     daz ich vor den luden mohte gedragen.
690   daz ich des rockes nit mac vergelden,
     des frouwe ich mich gar selden.   680

---

669 wip frümlich *H.*   670 Es vergiltet dier Christus
der rülich *H. Nach* 670 Er gibt dir auch in trewen Einen
gůten pfeller newen *D*; *spielmännischer Wink zweifelhaften
Alters.*   671 kauffet *D*, *vgl.* 675, im in *H.*   672 nider-
klayd *D*, ander wat *H*, niderwat *P*, drithalben *D*, drey *P.*
674 an gefüg *H.*   675 scheffers *D*, altes måntellin *P*,
im an *D.*   676 Vmb vi sz *H*, pf. dem selben nackendē
man *D.*   677 Dennocht *D*, Do noch *H.*   678 n. gan *H.*
682 noch h. *D.*   687 auff disen tag beklagen *D.*
688 noch ain gewandt *D*, nit me dan ein cl. *H*, nur ain
ainig klaid *P.*   689 dise hochzeyt für die leüt mőcht
gan Als ain ander bider man *D*, . . . für die leüt getragen
mőcht *P.*   690 des *fehlt D*, den grawen rock im m. *H.*
691 gar *fehlt H.*

nu gip mir drost, himelischer here,
durch dine godeliche ere.
here, nu gip mir drost und rat,
695 wan ez mir kummerlichen stat.'
daz begunde erbarmen die frie, 685
die kunigin sant Marie,
sie sprach: 'drut sun, vil guder,
hilf dem kunige Orendel uz noden.
700 drut sun, vil lieber here,
durch dines heiligen grabes ere, 690
durch des willen er sich hat uz gehaben,
drut sun, du salt ez ime nit versagen.'
do sprach unser drehtin:
705 'muder, du ime dine helfe schin!
du bist ein rehte nothelferin 695
und ein himelische kunigin,
du maht ime wol zu staden komen,
dem ellenden man so fromen.'
710 Do sante ime unser frouwe geringe
drizic guldiner penninge 700
mit eime engel also here,
dem guden sant Gabriele.
ob ime do er swebte,
715 wie gutliche er zu ime rette!
er sprach: 'horstu, kunic Orendel, 705
mich hat got und sin muder zu dir gesendet,

692—93 Hymelscher vatter gib mier einen trost Das ich
durch din vetterlich ere werde erlost *H.* 694 nu *fehlt H.*
695 gat *D.* 702 D. das er *H*, durch deines h. gr. willen
ausserhaben hat *P.* 703 Darumb soltu ims *D.*
704 *fehlt H*, herre mein *D*, unse trehtin *Ettmüller.*
705 Fraw m. thûnd i. eüer *D*, thû ... dein *P.* 706 Ir
sind *D.* 707 Vnd auch *D.* 708 Ir mügent *D*, zu
helff *H.* 709 edelen *H.* 711 gulden pf. *D.* 713 Der
gut *H.* 714—15 Ein gesprech er mit dem künige hatte
Gütlich er do mit jm rette *H.* 714 das *D.* 715 sprach
im ... tzû *P.*

du salt nit druren so sere
umb dine ritterschaft vil here,
720   die dir sint erdrunken,
[und] uf dem wilden mer versunken.   710
got was ir selber einer,
daz hat er wol erzeiget:
er hat sie nemeliche
725   bi ime in dem fronen himelriche.
nu nim hin vil geringe   715
die drizic gulden penninge,
und koufe den grawen roc vil gut,
den got zu siner marter druc:
730   dar in bistu baz beslozzen dan in stelen ringen,
dich enmac kein swert [noch wafen] dardurch
                      gewinnen. 720
du salt dar in fehten ane zwivel
mit den heiden funfzehen volcwige,
den saltu niwan eine gehaben,
735   daz liez dir got und sant Maria sagen.
do er die habe zu ime genam,   725

---

718 Er sprach du *H,* zweyfeln sere *D,* so gar seer
trawrest *P.*   719 dine ritter *H,* so h. *D,* ritterlich ...
Eere *P.*   720 noch vmb die leüt *P.*   721 see *D, vgl.*
686, 2172.   722 auch ainer *D.*   723 nun wol *D,* hat
w. erzöuget der reinen *H.*   624 Er sprach er *D,* Dann
e. h. sy so n. *H.*   725 in sinem h. *H.*   729 an trüge *D.*
730 bistu verschlossen als in *H,* darinn ... basz dann in ...
ståhelen ringen *P, urspr. Verspaar* darinne: ringen?
731 mag *H,* schwert noch *fehlt H,* noch w. *fehlt D,* kain
schwert noch waffen darin nymer g. *P.*   732 D. s. auch
fechten mit den hayden on z. *D,* f. mit lobe *H.*
733 halwige *D,* Mit xv heidischen hertzouwen *H,* volcwige
Ettmüller.   734 Darjnnen hastu nym danne ainen g.
D, Mischung von hastu *und* saltu haben?   734—35 Darin
sigstu unverzagt Das hat dier Got und sin muter gesagt
H, durch die Eer gottes vnd auch deß hailigen grabes *P.*
736 gewan *H.*

er wart ein froudenricher man.
er hatte gedan eine gude fart,
er hup sich schiere uf den markt,
740 da man den grawen roc feile druc . . .
gegen sins meisters des vischers knaben,   730
als wir daz buch horen sagen.
do bat der ellende man,
daz er den roc ime gebe *an,*
745 sinen meister den vischere,   —
als liep er ime were.   —
do bot er in ime geringe
umb funf schillinge guldiner penninge: 735
und were der penninge einer falsch,
750 der roc queme [dir] nummer an dinen hals.'
do det ein groz zeichen unser here
durch des jungen kuniges ere:
wer den roc ane greif,   740
wie vaste er von einander sleiz
755 in allen den geberden,
als er ful were!

---

737 Do ward er *H*, gar ain *D*. **739** wider auff *D*.
740 *urspr. vermutlich Reimpaar* gut : druc *wie* 728*f.*
Nach 740 Er gewann ainen frölichen mût *D*; zů dem sprach
er mein gesell behalt mir den rock bisz ich selbs zů deinem
herren kume *P*: *glaubwürdig, aber unwiederherstellbar.*
741 seinem mayster *D*. **742** dis *H*. **744—45** Seinen
mayster den fischer an Das er im den r. nahet wolt geben
D, S. m. d. v. an D. e. jm d. r. nahe gebe *H*. *Nach* 745
Er wolt es vmb in verdienen die weil er het sein leben *D*,
Das er jm nit also verlege *H*. **743—46** Damit gienge
er zů dem vischer seinem maister vnd bat den als lieb er
jm wâr das er jm den grauen rock zů kaufen gåb *P, vgl.*
651—53. **747** Er bot i. i. vil ger. *D*, do bot er *P*.
750 Dier kem d. r. n. an den h. *H*. **751** D. thet vnser
h. grosse z. herre *D*. **753** Wo man den *D*. **754** ausz
ainander schleyff *D*, reisz *H*. **756** Als ob *H*.

do meister Ise daz ersach,
daz der roc als ful was,   745
do gap er in ime vil ringe
760   umb die drizic guldinen penninge:
als vil was ouch der erste schatz,
dar umb got verkoufet wart,
aller werlde here . . .   —
do er den roc zu ime genam,   750
765   er wart ein froudenricher man.
do wart an den stunden
der roc [als were er nuwe]
in allen den geberden
als [ob] er erst von dem duche komen were.   755
770   do meister Ise daz ersach,
daz der roc so rehte gut was,
do sprach er: 'du vil guder man,
du hast einen guden roc an,
den saltu verdienen stille   760
775   umb mich und diner frouwen willen.'
do sprach der kunic stede,

---

757 Als ... ersach das *D*, gesach *H*.   758 also zer-
brach *H*.   759 Er gab *D*, do gab er *P*, geringe *D*.
760 Vmb . xxx . *D*, vmb die dr. pf. *P*.   762 Do got
vnser herr vmb v. w. *D*; Und Judas valscher uffsatz Darum
Got aller welt ein herre zart Verraten und v. w. *H*; darumb
got aller welt herr vnd vnser sáligmacher verkauft ward
P nach 727, darumb jr liebes kind den Juden verkaufft
ward *P nach* 711; *zu H vgl. H* 12; *verloren*: und unser
heilere ?   764 gewan *D*.   765 Zu grossen froüden er
do kam *H*, ain freüdenreycher man *P*.   766 w. sich
an der stunde *D*, w. er an den trüwen *H*.   767 D. r.
nagel neüe *D*, als ob er gantz Neüw wår *P*, d. r. alniuwer
funden *Ettmüller*.   769 erst gemach were *H*.   770 Als...
ersahe das *D*, gesach *H*.   772 Er spr. *H*.   775 dein
maisterin *D*, miner fr. w. *H*, umb mich und dein frauen
P, *vgl*. 799.   776 der elend k. *D*, der edel k. *H*.

daz er ez gerne dede.
do bat er [sinen meister] den vischere,
daz er ime urloup gebe: 765
780 'ich han mich gelobt zu dem heiligen grabe.'
do sprach [meist]er [Ise]: 'du salt min sture
                haben.'

do gap er ime in druwen
zwo hosen waren nuwe,
do gap ime sin frouwe geringe 770
785 dri guldine penninge.
sie bat den degen stede,
daz er ez also dede,
daz er ir vergebe ir missed*ede*
*w*az sie ime zu leide gedan h*ede*, 775
790 do sie den nacketen man
uf der galine sach stan.
sie sprach: 'wie ez dir si ergangen,
du maht [wol] ein herzoge sin in dime lande.'
do sprach der kunic Orendel 780
795 ane alle missewende:
'frouwe, got vergebe uch uwer schulde,
wir sullen werben umb sine hulde.'
do nam er urloup, daz ist war,
zu sime meister und zu siner frouwen dar. 785
800 do hup er sich alleine
uf die breiden heide.

---

777 recht gern *D.*   779 ein freysz vrlaub *D.*   780 Er sprach ich ... zum *D.*   781 der meister *H.*   782 durch sin trüwe *H.*   783 gůte h. n. *D,* die w. *H.*   785 Fünff *H,* drey *P.*   787 er das *H.*   788 Vnd jr *H,* missethat *D,* missetat *H.*   789 Das *D,* Die *H,* hat *D H, vgl.* 484, 1986.   788—89 das er jr vergåb was sy im zů laid gethon het *P.*   790—91 *fehlen H.*   792 dir ist *D.* 794 *fehlt D.*   796 al üwr *H.*   796—97 schuld : huld *D.* 797 W. s. umb in erwerben al s. h. *H.*   799 und siner fr. zwor *H.*   800 Vnd h. s. do *H.*   801 Vber d. witte *H.*

da enwas nie kein man,
der dem kunige mohte gevolget han.
Do begeinte ime an den stunden
805 der heiden wol dru hundert.
under den reit ein rise freisam,
der finc den ellenden man,
er furte in unwerde
uber firste und hohe berge,
810 er leite den degen here
in einen diefen kerkere.
daz begunde erbarmen die frie,
die kunigin sant Marie,
sie sprach: 'drut sun vil guder,
815 hilf dem kunige Orendel uz noden.
drut sun, lieber here,
durch dines heiligen grabes ere,
durch des willen er sich hat uz gehaben,
drut sun, du salt ez ime nit versagen.'
820 do sante ime Krist von himele
einen engel balde hernidere,
einen engel also here,
den guden sant Gabriele.
er half dem degen here
825 uz dem diefen kerkere
unde wiste in uf den pat,

---

802 was ouch n. *H.* 803 m. gefolgen lobsam *D.*
804 *auch* 853, 2515, 3250 *empfiehlt der Vers* begeinte, uff
der *H.* 805 wol *fehlt D,* wol uff *H, vgl.* 1588, 1870.
806 Vnd do r. *H.* 807 Er *D,* der *P.* 808 Vnd f.
jn unferre *H,* vil werde *D,* unwerde *Ettmüller.* 809 die
hohen f. vnd b. *D.* 810 Den werden tegen l. er *H.*
811 Tieff in ainen k. *D, vgl.* 825, 2393. 814 s. durch
din güte *H.* 815 uns wette *H.* 817 h. *fehlt D.*
819 Lieber sun *H,* s. herre das soltu *D, vgl.* 703, 2058,
2837. 820 Got bald vom himelrich *H.* 821 e. der
schwang hernieder sich *H.* 823—24 *fehlen H, der
Name fehlt P, vgl.* 2067*f.,* 2846*f.* 26 Er *H,* vnd *P.*

der zu dem heiligen grabe gedreden was.
do er daz heilige grap ane sach,
daz wort er gutlichen sprach: 815
830 'heiligez grap unsers heren,
ich enhaben nit oppers mere
dan minen lip und mine sele,
daz entphach hude, [heiligez] grap unsers heren.
do er daz wort ie vollen gesprach,   820
835 wie schiere der degen sach
vier schone tempelheren
mit harte grozen eren,
wie balde sie dar gingen,
die messe sie an gefingen.   825
840 do die frone messe was gesungen
und sich der priester kerte umbe,
do enwas nieman, der sich bedehte
und dem ellenden man *iht* gebe.
do beleip er alders eine,   830
845 der edel furste reine.
er begunde sere druren,
er saz [zu Jerusalem] zu der burgmuren.
do horte der [junge] kunic lobesam
in der burge einen luden schal,   835
850 do wunderte der degen sere,
waz da in der burge were.
do ginc er aber furbaz stan,
do begeinte ime ein degen lobesam.

---

829 er do g. *H.*   831 Nu hab nit *H.*   834 die
wort gesp. *H.*   835 do sach *H.*   838 Vil b. s. darzů
D, die dar geschickt warn *P.*   839 Vnd die *H*, an f. *D.*
840 ward *D.*   841 hat gekert umben *H.*   842 was *H.*
843 Der dem e. m. das mal gebe *D*, zu essen brechte *H*, der
jn zů hausz pat oder jm ichts zů redet *P.*   845 In der
kirchen alleine *H.*   846 ser trewlichen tr. *D.*   847 *vgl.*
330.   849 grossen *H*, *vgl.* 864.   850 den *H.*   851 da
fehlt H.   53 sah er einen *H*, do begegnet *P.*

do er in verren ane sach,   840
855   gerne mugent ir horen, wie er sprach:
'Got gruze uch, her Grawer Roc,
ich kan uch nit anders genennen, weiz got.
ob ich uch, here, erkante,
wie gerne ich uch anders nante!'   845
860   der was der aller erste man,
der ime den namen leite an:
vorbaz hiez man in *niwan* den Grawen Roc.
'helt, nu sage mir durch got,
waz meinet der lude schal,   850
865   der sich hebet in der burg uber al?'
er sprach: 'ez sint die tempelheren
mit harte grozen eren,
sie wollent kurzwil driben
vor miner frouwen Briden,   855
870   vor der edelen kuniginne.'
do begunde sin herze uf springen.
do sprach der Grawe Roc:
'helt, nu sage mir durch got,
welhez ist die maget here   860
875   uber [daz] lant und burg zu Jerusaleme?'
er sprach: 'sihstu an der zinnen stan
zwolf megde wol gedan?

---

854 von ferren *D.*   856 her *fehlt H*, herr gr. R. *P.*
857 nit nenen das wisz G. *H*, ich waisz sunst eüwers
namens nicht *P*, *vgl*. 1800, 2785.   858 herr nun *D.*
859 anders *fehlt H.*   861 dem künig Orendel seinen
n. benam *D*, der jm den namen gab *P*. *Nach* 861 Do
sproch et jm derselb herre mitte Mit zimlichem sitte *H.*
862 Nit anders dann der Growe R. *H*, nit anders dann *D*,
darnach hiez jn aller månnigklich den gr. R. *P.*   864 leüte
D, livtte *H.*   865 in dem berg *D.*   866 Do sp. er *H.*
868 ir k. *D.*   869 frouwen frouw B. *H.*   870 Von
d. e. künige herre *D*, künigen H.   871 h. spr. sere *D*,
erhûb sich sein h. *P.*   875 zu *fehlt H*, *vgl*. 1806.

die mitten under in stat
und einen zobelen mantel umme hat, 865

880 daz ist die maget here
uber [daz] lant und burg zu Jerusaleme.'
der Grawe Roc ginc uber den hof,
also uns daz buch saget noch,
do sach er die helde riden, 870

885 rehte als sie wolten striden:
ire ros die waren lanc,
sie heden einen herlichen ganc,
ir baner waren grune und rot:
do nahete mangem heiden der dot. 875

890 also schouwete er die heren
mit harte grozen eren.
der edel furste reine
begunde von herzen weinen.
er sprach: 'ouwe lant und lude, 880

895 wie ruwestu mich hude!
nu furte ich doch von Triere
zwene und sibenzic kiele,
die sint mir alle versunken
und in dem wilden mer erdrunken. 885

900 die wolte ich alle [gerne] verclagen,
mohte ich *niwan* ein ros gehaben,
daz ich ellender man bese*h*e,

---

878 mittelen *H*, mitten *P*.   879 zobel m. *D*, zoblen
m. *P*, an hat *H*.   881 disz l. Jher. *H*, *vgl.* 875.
882 ginc *fehlt H*.   883 disz b. s. hie n. *H*.   885 als
w. sy *D*, als ob sy w. *H*.   886 die *fehlt D*.   889 sin
tot *H*.   890 die selben h. *D*, die frouwen here *H*, *vgl.*
903.   893 Der beg. *H*, v. h. ser wayne *D*.   894 Er
sp. *fehlt H*.   895 W. ser *H*, noch h. *D*.   900 gerne
fehlt H, *vgl.* 687.   901 ich ain *D*, i. nit me dan ein *H*,
nur ain *P*, haben *H*, gehaben *P*.   902 besesse *D H*,
darauff ich mein hail versůchen mǒchtte vnd das auch die
Hayden sǎhen *P*, besahe: ware *Ettmüller*.

wes ich zu [disem] hove wert were.

der mir durch des heiligen grabes milde   890

905   luwe sin ros zu eime schilde

nit mer dan dri kere,

so engerte ich sin nit mere.

waz ich da mit gewunne,

daz gebe ich ime allez zu lone.'   895

910   do er daz wort ie vollen gesprach,

in einer louben er do sach

zwene heidenische heren

mit harte grozen eren.

sie dribent kurzwile vil,   900

915   sie zugent ime schachzagelspil

in eime brede was vischin,

und daz gesteine was guldin,

ergraben harte cleine.

daz gut edel gesteine   905

920   daz hatte vil der wunne,

ez luhte als die sunne.

die selben ich uch nennen,

so mugent ir sie erkennen:

der ein was der heiden Mercian,   910

925   der ander sin bruder Sudan.

---

903 werdt w. zů d. h. *D*, Ach wer iemant der sich des vermesse *H*, wes ich vnder jn môchte werd sein *P*, *urspr.* daz man zu hove besehe wes ich wert were ?   905 Mier hülff vmb ein r. und zu *H*, r. vnd seinen schilt *D*, *keine Entsprechung P.*   907 begerte *D*.   908 gewinne *H*. 909 von mynen *H*, *vgl.* 939.   910 wort vol *H*.   911 An *D*, wilen *H*.   915 Sy spieltent hoffliches spil *H*, in dem Schache zyehen *P*.   916 das was *H*.   917 Die spangen warent rot g. *D.* vnd das gestain alles von gold ergraben *P*.   920 daz *fehlt H*.   921 Und l. recht also *H. Nach* 921 Es warent zwen künig frumme Die ergraben warendt darume *D*.   922 die wil ich euch nennen *D*, D. s. künig jch nenne *H*.   924 Das *D*, der ain *P*, ist *H*.   925 Vnd s. *D*, der ander *P*, Schudan *D*, Schawdon *P*.

die zwene heidenischen man
heden zu der kunigin guden wan.
do er sie verren ane sach,
gerne mugent ir horen, wie er sprach: 915
930 Do sprach der Grawe Roc:
'ir heren, nu gruze uch got!
uch bittet ein vil ellender man,
durch got, ir sult ez ime nit versagen,
uwers rosses und uwers schildes   920
935 durch des heiligen grabes milde
nit me dan dri kere,
so engern ich sin nit mere:
waz ich da mit gewunne,
daz gebe ich uch gerne zu *lone*.'   925
940 do sprach der heiden Sudan
zu dem degen lobesam:
'waz mac er geclaffen mere
vor zwein kunigen here?
ja du rehter filzgebure,   930
945 ich bringen dir din claffen zu sure!'
do sprach der Grawe Roc:
'ich sagen uch, here, weiz got,
des ir mich zihent hie,
da wart ich ane schuldic nie!'   935
950 do sprach der heiden Mercian,
als wir ez an dem [dutschen] buche han:

---

926 Dieselben z. *H.*   927 dem künige *H*, *vgl.* 870,
gûte *D.*   928 von f. *D.*   931 euch bede *D.*   932 vil
ain *D*, edeller *H*, ellender *P.*   933 Ir s. es jm d. G. n.
v. *H.*   937 Nu beger *H*, ich nit *D*, *vgl.* 907.   938 ge-
winne *D H.*   939 zů liebe *D*, zu mynne *H*, zu myett *P*,
vgl. 909, *P zu* 1094*f.*, lone *A, minne **U.*   41 vil l. *D.*
942 der *H.*   942—43 *eine Zeile*, mere *fehlt D. Nach* 943
Die do pflegent also grosser ere *D.*   944 walt gebure *H.*
945 Es mocht dier wol werden zu s. *H.*   947 wisz G. *H.*
948 Das *D.*   949 Des bin ich vnschuldig ie *H.*   951 dem
buche *H.*

'vil druder min Grawer Roc,
wir dun nit durch uwern got.
wir sin zwene ungedoufte man,   940
955   doch wil ich uch bi disem dage   —
      mines rosses und schildes nit versagen.
      verliesestu mir, degen kune,
      min ros und minen schilt grune,
      so sage mir, uzerwelter man,
960   waz sal ich dar umb zu gelde han?'   945
      do sprach der Grawe Roc:
      'ich sagen uch, here, weiz got,
      verliesen ich *dir*, degen kune,
      din ros und dinen schilt grune,
965   ich sagen dir, kunic lobesam,   950
      vur einen eigen kneht saltu mich han.'
      her Mercian hiez entspringen,
      sin gut ros fur sich bringen,
      daz was swarz als ein *kol*,
970   dri man *enhabten* ez *nit wol*.   955

---

952 Draut m. v. gr. *D.*   953 dinen *H,* eüers *P.*
954 *fehlt H.*   955—56 *eine Zeile,* bi d. d. *fehlt,* versan *D.*
957 Nun sag du mir *D,* Sag mier min *H.*   958 Ver-
leürstu mir m. *D,* Verlirstu mier m. r. u. sch. *H,* ob ich
euch leich mein pferde vnd schiltt vnd eüch das die
Hayden abgewinnen *P, vgl.* kune : luwe 1096, *aber P zu*
964 *und* 1290 mit seynem grüenen schilt *P.*   959 so
fehlt, mir du *D.*   960 do für *H,* zů gelten *D,* zu geben
H, zu gelde *Ettmüller.*   962 Herre so wisse *G. H.*
963 Ich sag euch edler d. k. *D,* ich ellender man *H.*
964 Verleür ich dir dein *D,* Das r. u. den sch. wol getan *H.*
963—64 verleür ich eüch pferd vnd schilt *P.*   965 So
verheisse ich dier *H.*   967 Der h. *D,* hiesz vil geschwinde *H.*
968 gut *fehlt H,* sein bestes pferd *P.*   969 *fehlt H,* ain
aren *D,* das was schwartz als ain Kol *P.*   970 hetten
es kaum gehaben *D,* manne mochtent es kum gehaben *H,*
das acht mann genůg daran zů hőben hetten *P. Nach*
970 Das rosz wart dem ellenden knaben *H.*

als der heiden Mercian daz ersach,
daz sin ros als ungezogen was,
er sprach: 'fur ez zu eime steine,
[und kum daruf,] daz ez dich nit bringe in leide.

975 ich wil dir die warheit sagen: 960
ez hat mir dri knehte erslagen.'
do sprach der Grawe Roc:
'here, den spot vergebe uch got!'   963
wie schiere er daz ros do gurte,   966

980 und ez sich ouch erschutte
vor dem fursten hohe geborn ...
in allen den geberden   964
als ez . . . . were.
wie schiere der degen lobesam   969

985 den schilt zu den armen genam!
man brahte dem degen kune
ein sper was ungefuge:
halbez was ez hornin,
halbez helfenbeinin,

990 *dar an daz* isen und luter stahel,   975
als wir daz buch horen sagen.
ez was gewurkt mit sinne,
die vogel sungen dar inne,

---

971 gesach *H*.   973 steige *H*.   974 kem *D*,
Sitz dar uff *H*, nit *fehlt*, zů l. *D*, das du darauf mügest kůmen
vnd es dich nicht in laid bring *P*.   975 Die worheit w.
i. d. s. *H*.   979 rosz fůrte *D*.   980 Das edel rosz er
zierte *D*.   981 den *D*. *Nach* 981 Die zů dem hoff waren
ausz erkorn *D*.   983 Als es vor zehen tagen in ainem
streyt gangen w. *D*, Als ob es in einem stritt w. *H*, als ob es
viertzehen tag in hörtem sturm gezåumpt wår *P nach* 978.
984 der fürst *H*.   987 w. grosz vnd *D*, das was *H*.
988 Halber *D H*, halvez *Ettmüller*, es vör jm *H*, *vgl.*
2027*ff.*, 2774*ff.*   989 Das ander halb *D*, Das ander was
H, halvez *Ettmüller*.   990 Das ander eysen *D*, Das isen
was l. *H*, *vielleicht ist* und *zu streichen*.   992 Er ... mit
mynne *H*.   993 singent *H*.

die nahtigal und die zisele,
995 die sungent wol nach prise. 980
ob ime do swebete
ein valke von golde als er lebete:
daz lech der heiden Mercian dem heren,
daz brahte den Grawen Roc zu eren.
1000 den heren man begurte 985
mit eime guden swerte,
man sazte ime uf sin houbet
einen helm *was* schone gebou*g*et.
der Grawe Roc, der wigant,
1005 ane stegreif er in den sadel spranc. 990
'nu helfe mir der ware got', ·
also sprach der Grawe Roc.
do enkunde er mit allen sinen sinnen
die schuhe nie in die stegreif bringen.
1010 nu enwirt dalanc stechen hie gedan: 995
[d]er [Grawe Roc] muz zwene ander schuhe han.
der Grawe Roc sich bucte,

---

994 zinsele *H.* 995 singent *H.* 996 das do *D.*
997 Von g. ein v. als ob *H, vielleicht urspr.* ob ime ein v.
sw. von g. als er l., *die Stelle steht unter dem Einfluß
höfischer Verskunst.* 999 zu sinen e. *H.* 1000 begürte
werdt *D,* begerte *H.* 1001 gar gûten *D,* güldinen *H.*
1003 gebawet *D,* beloubet *H,* gibouget *Ettmüller, vgl.* 1057,
1669, 2002, 2094, 2755. 1004 vnd auch der *D.*
1005 er *fehlt D.* 1006—7 N. h. vns got spr. d. gr. r.
Vnd sein heiliges gebot *D,* N. h. m. d. gewore Got Und
geb mier krafft spr. d. Gr. R. *H,* nu h. m. die gware
got also spr. d. Graroc *Ettmüller. Nach* 1007 Do sprach
er der mir rat gebe Wie ich anfieng mein leben *D, der
Reim* œ : ĕ *ist im Orendel ungewöhnlich, vgl.* 2089, 2338;
Hiemit sprenget er frôlich auff den Tempellhof *P, vgl.* 1341.
1008 kunde er ouch *H.* 1009 rindren sch ... den st. *D,*
schu in d. st. nit br. *H,* grossen schûch ... in die ... st. *P.*
1010 wurt tole *H.* 1011 *vgl. zu* 1437. 1012 bedochte
H, buckt *P.*

die schuhe er ab den fuzen zucte,
er warf sie nider in daz gras,
1015   nu mugent ir horen, wie er sprach: 1000
'got gebe dem schuster ummer leit,
der die solen ie so breit gesneit!
doch waz sal ich ime verwizen,
er wist nit, daz sie ein ritter solte slizen.'
1020   do sante ime Krist von himele   1005
zwene guldine schuhe her nidere
bit eime engel also here,
dem guden sant Gabriele.
do er die schuhe an geleit,
1025   do was er ein stolzer ritter gemeit.   1010
[d]er [Grawe Roc] begunde vaste sitzen,
den schaft manlichen erschuten.
daz sach der heiden Mercian,
er sprach: 'sihstu nit, bruder Sudan?
1030   ich sehen an des Grawen Rockes schuten   1015
und an sinen nitlichen blicken,
noch hude muz von sinen handen
dot geligen vil kuner wigande.'   1018/19
do sprach der heiden Sudan:
1035   'drut min bruder Mercian,
waz gebstu dem zu lone,

1013 grossen sch. er ab z. *D*, zochte *H*, zucket sich
die schůch von den fůssen *P*.   1015 Nun hörent *H*.
1016 den schuen *H*, iamer vnd l. *D*, disem schůster laid *P*.
1017 Und der *H*, vornen ye so br. schneydt *D*.   1018 Er
sprach was *D*.   1020—21 Zwen güldin schu die sant
jm Got Von himel her nider ane spot *H*.   1022 Bey *D*,
Mit *H*.   1023 Den *D*.   1024 leit *H*.   1026 b. nach
ritter sitten *H*, *vgl. zu* 1437.   1027 Seinen *D*, mit dem
sper *P*.   1030—34 *fehlen H*.   1030 den schafft
schütten *P*.   1032—33 Es můsz v. s. h. Noch heüte tod
g. Vil k. w. vnd mannen *D*, das die Sarracen von seinen
handen sterben můssen *P*.   1035 vnd M. *D*.   1036 lan *H*.

der dir nu also schone
din ros brehte zware
von dem Rocke Grawe? 1025

1040 du sprichst, er si ein uzerwelter man:
ich wil den Grawen Roc alleine bestan.
ich wil den degen kune
an mime sper uber den hof furen.
des muzent frouwen unde man 1030
1045 noch hude ir schimp mit ime han.'
do sprach der heiden Mercian:
'drut min bruder Sudan,
waz du prises an ime maht erwerben,
ich biten got, daz mir sin nit zu deile werde.' 1035
1050 dem heiden Sudan was die rede zorn,
er bereit sich *gein* dem fursten hohe geborn.
er wapnete sich mit grimme
in die herten stahelringe.
den heren man begurte 1040
1055 mit eime guden swerte,
do sazte man uf sin houbet
einen helm was schone gebou*g*et.
do hiez er balde springen,
sin gut ros bringen. 1045
1060 der [schone] heidenische wigant

1038 Noch heüt br. *D*, Noch hivt br. *H*. 1039 V. d.
gr. r. das rosz grawe *D*, Den Grogen Rock also gro *H*,
der eüch brâcht eüwer pferd schilt vnd sper von dem grawen
rock *P*, *vgl.* zware: grawe 1124, 1680 *u. ö., zu D noch*
969. 1040 sprichtest *H*. 1042 künen *H*. 1044 Das *H*.
1045 iren sch. mit mir *D*, mit jm schimpffen gan *H*.
1047 Min lieber br. *H*. 1049 dich got *D*, er mier nit *H*.
1050 thet die *D*. 1051 gegen *D H*, den *H*. 1053 steheln
r. *H*. 1054 do gürtte *H*. 1057 sch. gepawte *D*,
wol beloubet *H*, der gemachet was mit souil ôcken *P*, *vgl.*
1003. 1058 Vnd h. do vil geschwinde *H*. 1059 Ein
g. r. dort her br. *H*. 1060 sch. here *H*.

ane stegreif er in den sadel spranc.
wie schiere der heidenische man
einen schilt zu den armen genam!
man brahte dem degen kune   1050
1065 ein sper was ungefuge.
der heiden sich *ge*nante,
uf den Grawen Roc er rante:
der Grawe Roc, der wigant,
liez uf sich stechen als uf ein want.   1055
1070 do sprach der Grawe Roc:
'here, den spot vergebe uch got!
ich hede wol daz gemude,
daz ich solher stiche nit verdruge.
wie ez mir dar umme solte ergan,   1060
1075 ir muzent ouch einez von mir han.'
der Grawe Roc sich genante,
an den heiden er do rante,
er durchstach den degen kune
mit eime sper was ungefuge,   1065
1080 daz der heidenische man
des stiches zu der erden quam.
do quament wider an in zwene,
die stach er von den rossen bede.
an in riden aber viere,   1070
1085 die stach er abe schiere.
dar nach sehse an in riden,
die stach er ab mit zorniclichem siden.
an in riden aber zwolf man,

1061 er *fehlt* D.   1062 Vil sch. H.   1063 Den sch.
zu sinen H, *vgl.* 1687, 2018, 2765.   1065 das was H.
1066 sich balde wandt D, Der sich Sudan nante H.
1067 er do H.   1069 uf *fehlt* H, als auff ain veste
maur P.   1073 den stich H, vertragen môchte D.
1074 sol H.   1076 wante H.   1077 Vff H.   1081 tot
zu H.   1084 darnach vier D.   1085 ouch ab H.
1086 Sehsse ouch an H, Do ... zû handt P.   1087 mit
sitten H.

	die stach er von den rossen uf den plan.	1078
1090	vier und zwenzic an in riden,	
	die stach er ab mit hovelichem siden.	
	der helt gefinc zwolf marc,	
	die warent kreftic unde starc,	
	sie warent uzer mazen schone,	1080
1095	er brahte sie dem heiden Mercian zu lone.	
	er bat den degen kune,	
	daz er ime sin ros me luwe:	
	'dar umme hastu lon entphangen,	
	nu halden ich hie zu lange.	1085
1100	ich solte riden wider uf den plan.'	
	[also sprach der junge kunic lobesam.]	
	do sprach der heiden Mercian:	
	[als wir ez an dem dutschen buche han]	
	'drut min here Grawer Roc,	1090
1105	der duvel druc uch uf disen hof,	
	der muze uch an disen stunden	
	furen zu der helle grunde[n].	
	waz hant ir an mir gerochen?	
	minen bruder hant ir mir erstochen.'	1095
1110	do sprach der Grawe Roc:	
	'daz ist war, daz weiz got.	
	wollent ir mich sin nit erlan,	
	ir muzent ouch einez von mir han.'	
	der heiden Mercian begunde fliehen,	1100
1115	sine fuze vaste nach ime ziehen.	

1094 ausz der *D*.   1094—95 vnd giengen gar wol
zů sprunge die bracht er d. k. M. zů myett vmb das das
er jm solch anlehen gethon hett *P*, *vgl.* 1215 junge :
sprunge.   1096 degen vmb sein huld *D*, schonen tegen
k. *H*.   1097 mer leyhen solt *D*.   1100 wider r. *H*.
1103 dutschen *fehlt H*.   1104 Dr. herr m. vil gůter
r. *D*, Trutter her m. vil Gr. R. *H*, *vgl.* 1035, 1047.
1105 den plan vnd hoff *D*.   1107 an den grund des mörs *P*.
1111 vil war *D*, wisz *H*.   1114 vast fl. *H*.   1115 beine
H, vaste *fehlt D*.

do der Grawe Roc daz ersach,
daz nieman me mit ime stach,
umme warf er daz marc,
daz was kreftic unde starc,   ₁₁₀₅
1120 er liez ez hohe springen
vor der edelen kuniginne.
sie sprach: 'ez ist kumen uf den hof
ein einfeldic ritter, daz wizze got,
er furt nit anders zware   1110
1125 dan einen roc grawe.
er stichet, als er wolle wuden.
got muze *uns* vor ïme behuden!   1114
besliezent mir ouch die porten.   1113
wolte got, er were becleidet gar   1115
1130 in peller und in sablar,
des gunde ich ime *rehte* wol,
als man billichen sol,   —
umb siner manheit willen.'
also sprach frouw Bride die kuniginne.   —

1117 niemans *H*, mit jm stechen *P*, *vgl.* 1433.
1118 die m. *H*.   1119 Die *H*, vnd darzů *D*.   1120 sy *H*.
1121 Für die edele *H*, V. frawen Breyden der *D*.
1124 a. do *H*.   1125 gůten r. gr. *D*, r. der ist gro *H*.
1126 fichtet *D*, rennet *P*, *vgl.* 1117; als ob *H*, waten *D*,
als ob er wůet *P*, *vor* 1128 *vermutlich Reimvers auf* warten
od. warte, *vgl.* 3438.   1127 *nach* 28, G. můsz mir mein
leüt b. war *D*, Man sol die porte v. jm b. *H*.   1128 *fehlt H*.
1127—28 got behůt vnß hinnen vor jm vnd darumb
schliesset zů die thor ich fürcht er wöll mir benemen mein
Eer vnd all mein mann mitt den ich das hailig grab verhůten
vnd behalten soll *P*, *vgl.* 1448f.   1129 geklaidet *D*.
1130 Bede in p. vnd in seyden *D*, Sammet *P*. *Nach* 1130
Also sprach sich fraw Breyden *D*.   1131—34 Do
sprach die künigin i. g. es im w. A. m. ainem künige
pillichen s. *D*, Wie wol ich in das wolt ginen Spr. fr. Br. d.
k. *H*, des günde ich jm recht wol vmb seiner manheit
willen *P*.

1135 'mohte ich einen boden gehaben,
der mir den helt gedorste laden,   1120
e daz in die helde gude
bestundent mit zorneclichem mude!
sie renten ime alle an den lip,
1140 er must mich ummer ruwen', sprach daz wip.
'vil druder degen Schiltwin,   1125
zu ime saltu min bode sin.
erfar mir, uzerwelter man,
ob er si wilde oder zam.'
1145 do sprach der herzoge Schiltwin:
'frouwe, des enmac nit gesin.   1130
in hant mine ougen
disen dac gar wol beschouwet.
wizzent, daz er siht vil dicke
1150 die zornwolflichsten blicke:
e daz ich zu rede mit ime were kumen,   1135
so hede ich den schaden genumen
und vil der diefen wunden
an den selben stunden.'
1155 nu mac die kunigin lobesam
zu dem Grawen Rocke nit boden gehan.   1140
nu radent mit uwern sinnen,
wie sie einen boden gewinne!
Do sprach der herzoge Schiltwin:

1135 haben *H*, gehaben *P*.　　1136 dŏrste *D*, geladen
thŏrst *P*.　　1139 rotent *H*.　　1140 musz *H*.
1141 lieber *H*.　　1142 Aldar *H*, zŭ jm *P*.　　1143 du
auszerw. *D*.　　1146 Das mag anders nit sin *H*.
1147 Es h. *H*.　　1148 also wol *H*, beschawen *D*, ich
hab jn heüt gesehen offenlich vnd taugen *P*, beschouwet:
tougen?　　1150 zornigen wolffes *H*, *vgl.* 2681.　　1151 Ee
ich *H*.　　1152 ich von ime genummen *D*, so hett ich
schaden g. *P*.　　1153 und *fehlt D*.　　1154 *fehlt H*.
1156 han *H*.　　1157—58 Darum so r. m. s. Wie wier
einen b. g. *H*.　　1159 der *fehlt H*.

1160	'frouwe, ich wil uwer bode sin	
	ane schilt und ane swert',	1145
	also sprach der stolze degen wert.	
	er reit verre von ime uf den plan,	
	der Grawe Roc sach in gruweliche an.	
1165	do sprach der herzoge Schiltwin:	
	'helt, ich begeren dir zu sin	1150
	kein schade an dime libe.	
	dir enbudet min frouw Bride,	
	die edel kuniginne rich	
1170	iren gruz so dugentlich,	
	daz daz edel megedin	1155
	nieman mohte holder gesin	
	danne dir, ritter lobesam,	
	fur war ich dir daz sagen kan.'	
1175	do sprach der Grawe Roc:	
	'here, daz vergelde ir got,	1160
	daz min frouwe einen ellenden man	
	gerne an irem dienste wil han.	
	sagent mir frouwen Briden,	
1180	der schonsten ob allen wiben,	
	wanne ich an disem ringe	1165
	minen willen volbringen,	

1160 Fr. min wil ich doch üwer diener s. *H.* 1162 Spr. d. tegen stoltz und w. *H.* 1163 Er leit sich an und r. uff *H.* 1164 gůtlichen *D*, feindtlich *P.* 1166 Herre *H*, dir kain schad zů *D*, vch kein schade zu *H.* 1167 Zů schaden *D*, Zu schaden an dem *H*, ... hŏldt ich will dir kain schad sein *P.* 1168 Vch e. fr. B. *H.* 1169 Ein *H*, frum vnd r. *D.* 1170 früntlichen grosz *D.* 1171 Vnd das das *H*, vil edel *D.* 1172 mag *H.* 1173 vil l. *D.* 1174 gesagen *H.* 1176 vergelt euch *D*, den spot vergeb uch *H*, das můsz ir gott ... vergeltten *P*, ir *Ettmüller.* 1177 mein gnedige fr. *D.* 1178 jrem tisch *H*, in jrem dienst *P.* 1180 Die schönst *D.* 1181 W. i. nach meinem mŭtwillen *D.* 1182 An disem ring werlich volbringen *D*, vollen br. *H.*

so wil ich dun, daz wizze Krist,
allez daz der kunigin liep ist.'
1185 der helt gefinc do sehs marc,
die warent kreftic unde starc,   1170
sie waren uzer mazen schone,
er gap sie dem boden zu lone.
do der bode [so] wunnesam
1190 daz bodenbrot zu ime genam,
do kerte er wol mit eren   1175
in die burg zu Jerusaleme.
do in frouw Bride ane sach,
nu mugent ir horen, wie sie sprach:
1195 'sage mir, bode wunnesam,
wie ist der Grawe Roc gedan?'   1180
er sprach: 'er ist zu den schuldern dicke
und siht die wolflichsten blicke.
er ist ouch, frouwe, ein kristenman,
1200 [und hedent ir] drizic dusent helde, er dar sie
         [alleine] bestan.' 1184/5
do die tempelheren sahen daz,
daz der bode kumen was,
durch der kuniginne nit
sie riedent dem heren uf den lip.

1183 got *D*. 1184 der edelst k. l. i. vnd not *D*, alles
das jr lieb sey *P*. 1185 do *fehlt D*, sehe *H*. 1187 usz
der m. *H*. 1190 von jm *H*. 1191 wol *fehlt H*,
wol mitt *P*. 1192 Wider in *D*, wider haym *P*.
1194 Do m. *H*. 1195 Nun sag *H*, mir nun *D*.
1196 G. R. ein man *H*. 1197 Do spr. er *D*. 98 hat
die wunderlichsten *D*, tut die grüselichsten *H*, *vgl*. 2681.
1199 fr. *fehlt H*. 1200 und *fehlt*, all b. *D*, *zwei Zeilen*
V. h. jr dry t. h. Er getorst sy a. b. *H*, das er allain wol
tausent Haiden ... besteen thar *P*, *vgl*. 2318, 2683, 3539.
1201 horten *D*. 1203 Alle durch *D*, der edel k. *H*.
1204 Do ritent sy *D*, Sy rettent *H*, rieden *Ettmüller*, i
md. Schreibung.

1205 die Surianten nit lenger *twalten*, 1190
boden sie in die lant santen
nach eime risen freisam,
vor dem mohte lebendic niemen bestan.
der rise was Mentwin genant
1210 und was der heiden kemper uber daz lant. 1195
ich wil ez uch nemelichen sagen,
in mohte kein ros nie gedragen:
daz sin ros solte sin,
daz sal uch wol werden schin,
1215 daz was ein helfant junge, 1200
der ginc so wol zu sprunge,
[der rise quam do] mit flize, 1205
sin gedecke was von silber wize, 1202
daz was gezieret unz uf erden, 1208
1220 mitten was ez berlin
und ginc dem helfant uf den fuz, 1203
des man den risen prisen muz. 1206
dannoch furte er vor der hant
eines klugen schildes rant.
1225 uf dem schilde vor der hant 1210

1205 Surganten *D*, scharganten *H*, Surianten *Berger*;
wanten *D*, mit loge wolten *H*, twalten *v. d. Hagen*.
1207 vil fr. *D*.　　1208 kundt l. *D*, nit b. *H*, vgl. 1295.
1209 Metwin *H*, Endtwein *P*.　　1210 k. allersant *H*,
als weytt das landt was *P*.　　1211 euchs *D*.　　1214 Des
sollent ir vil sicher sein *D*; *H hat zwar mehrfach rührende
Reime beseitigt, vgl. 164—166, aber D hat neu eingeführte,
vgl. 75f., 2900f., zu beachten ist auch die höfische Färbung
des Abschnitts.*　　1216 Er g. so vil zu vrsprung *H*.
1217 den (*Elefanten*) het er auch gar kostlich getziert *P*.
1218 gedeckt w. do gantz w. *H*.　　1219—20 *nach* 1224
D H.　　1219 Der w. *D H*, bisz auff die *D*.　　1220 In
der m. *H*, w. er *D H*.　　1218—20 mit Berlein auf ainer
silbrin decken bisz auff die erden *P*.　　1222 So man doch
D, Sit man *H*.　　1223 So f. er fornan uff d. h. *H*.
1224 Ein *D*.　　1225 uff der *H*.

schein manic liehter jachant,
smaragde und manic liehter rubin,
die gaben da vil liehten schin,
da bi daz edel gesteine,
1230 bede groz und cleine,
dar uber warent goltpeller gezogen,
dar under stunt vil schone gebogen
die sunne und ouch der mane.
[. . . . . . schone]
1235 dar zu furte er an sime libe
ein keiserlich gesmide,
dar zu furte er einen helm,
der vil stolze degen snel,
mit nunzehen ecken,
1240 den furte der selbe recke.
der was so schone umbfangen
mit vier guldinen stangen
und gar hoveliche ergraben
mit meisterlichen buchstaben.
1245 dar uf swebte also schone
von golde ein liehte krone,
dar in was gegozzen ein linde,
so man sie schonste mac finden,
von schonem roden golde . . .

1210
1220
1225
1230
1234
1235

1226 mancher *D H*, rochant *D.*   1227 vnd die liechten
r. *D.*   1228 gobent manig l. *H.*   1229 Do was das *H.*
1231 Warent mit goldtfellen überzogen *D*, Worent
goltveller darüber gez. *H* : *oberhalb, Gegensatz*: 1232.
1232 gar sch. *H.*   1234 Die fůrte der rise schon *D*,
Stundent dar under schon *H*, er fůrtt auch Sunn vnd Mon
vnd darumb beetten jn die Hayden an als ainen gott *P.*
1240 selbig *D.*   1241 so wol *H.*   1243—44 V. g.
maysterlich ergr. Erfüllet m. maysterlichen b. *D*, Worent
meisterliche b. Schon und hoffelich ergr. *H.*   1246 Ein
güldine kr. *H.*   1247 linden doülde *H.*   1248 *fehlt*
H, Die schönsten so m. sy. m. f. *D.*   1249 sch. reinen
H. Nach 1249 Als sy der rise fůren wolte *D.*

1250	an der linden was manic bledelin,	1235
	dar an swebten guldin vogelin,	
	da was mit zouber gewurket in	
	ein blasbalc mit sehs roren guldin:	
	wan der rise den blasbalc twanc,	
1255	so horte man der vogel gesanc,	1240
	rehte als sie lebten	
	und in den luften swebten.	
	in der linden was gewurkt ein rat,	
	als uns daz buch noch sagt,	
1260	mit dusent guldiner schellen vin:	1245
	waz mohte kluger da gesin.	
	wan der wint von dem blasbalge wate	
	und daz rat umme drate	
	und die schellen klungen	
1265	und die vogel sungen:	1250
	were allez seitenspil gewesen dar an,	
	sie kunden der stimme nit gelichet han.	
	under der linden gestrecket lac	
	ein lewe und ein drac,	
1270	ein ber und ein eberswin,	1255
	waz mohte cluger da gesin!	
	dar an stunt der wilde man,	
	vor war ich uch daz sagen kan,	
	von golde, rehte als er lebte	
1275	und gegen den luften strebte.	1260
	der rise was Mentwin genant,	

1251 An yetlichem schwebet ain *D*, D. schwebte ein
H, *vgl.* 1265.   1252 dar in *H*.   1253 guldin Rören Der
schuff das man den fogel müst hören *H*.   1255 Do h.
m. das der v. sanck *H*.   1256 als ob *H*. 1258 in die *D*.
1259 dis *H*.   1260 gulden *D*.   1263 Vnd sich *D*.
1265 fögelein *D*.   1266—67 Wer do gew. aller seiten
spil So kund es dem nit glichen ziel *H*. 1268 ouch gestr. *H*.
1270 vnnd auch *D*.   1271 möcht doch *D*, do cl. sin *H*.
1276 Metwin *H*.

er furte ein sper vier claftern lanc.
er quam geriden uf den hof,
daz dutsche buch saget uns noch,
1280 bede ritter unde frouwen   1265
die begunden in schouwen:
er was wunniclichen gefar,
er quam ouch keiserlichen dar.
do sprach Mentwin, der wigant,
1285 als uns daz buch dut bekant: 1270
'wa ist nu der Grawe Roc?
daz sagent mir durch got.'
do sprach der heiden Mercian,
als wir ez an dem buche han:
1290 'nu schouwent, wa er dort her ridet   1275
uf mime hohen rabide!
er furt nit anders zware
dan einen roc grawe.
er ist ein kerne, diser man,
1295 vor ime kan lebendic niemen bestan.   1280
nu halt bi dir dine sinne,
du maht in durch den roc nit gewinnen.'
do . . . . sach,   —
daz wort er zorniclichen sprach: —
1300 'ich enweiz, waz ir min woltet,
oder waz ich her solte:

1280 vnnd auch *D.*   1281 behunden in zů sch. *D.*
1282 kam w. gefarn *H.*   1283 kunde o. k. gebarn *H.*
1284 Metwin *H.*   1285 dis *H.*   1287 hot *D.*   1290 nu,
dort *fehlen H,* wie er dort her . . . *P.*   1291 miner *H,*
praneyten *D.*   1293 gůten r. gr. *D,* r. der ist gro *H,* mit
seynem Grüenen schilt . . . der werd vnd kůn hôld *P, vgl.*
957, 963 kune : grune.   1294 ain haydenischer m. *D.*
1295 stan *H.* 1297 kanst *H.*   1298—99 *fehlen D H,*
Als jn der Risz ersach sprach er zornigklich *P, vgl.*
Berger zu 135.   1300 Er sprach *D H,* nun waysz ich
nit warumb ich her solte *D,* was er wolte *H.*   1301 O. w. ir

sal ich vehten mit eime cleinen man,   ₁₂₈₅
des muz ich ummer laster han.
ich nemen in under die arme min,
1305   des sollent ir vil sicher sin,
und senden in an den stunden
zu des diefen meres grunde.'   ₁₂₉₀
do sprach der Grawe Roc:
'helt, den spot vergebe uch got.
1310   so hede ich ein vil gut gemude,
ob ich dir daz nu verdruge.
nu merke, drut geselle,   ₁₂₉₅
waz ich dir sagen welle:
nu kere, degen, balde
1315   gegen jenem hohen walde:
da boben sich ein gerude,
da erner uns cleinen lude!'   ₁₃₀₀
den risen begreif sin grimmer zorn,
sin ros nam er zu beden sporn,
1320   mit kreften schutte er sinen schaft
und reit mit siner ganzen kraft.
der heiden sich *genante,*   ₁₃₀₅

---

mein herr wolte *D*, ioh hie tun solte *H*.   1300—01 ich
enwaiß was jr mir wŏlt oder wartzŭ ich her solt *P*.
    1302 naokten *H*, so klainen *P*.   1303 schande *H*.
1304 armen *D*.   1305 Das . . . wol s. *H*.   1306 Ich . . .
zu *H*.   1307 tieffes *D*.   1309 *fehlt H*, Das sag ich
euch on allen spot *D*, Hŏld den schimpff vergebe dir
got *P, vgl.* 1071.   1310—11 Ich han es noch an dem
gem. Ich vertrag vch nit von übermüte *H*, aber wo ich
solchs vertrüg so mŭst ich ain gŭt gedultig gemŭt haben *P*.
1314 Ker n. herr d. *D*.   1315 G. dem *H*.   1316 Da
bogen sy *D*, Do got sich *H*, darinn baw gereütt vnd
gefilld *P, Vogt ZfdPh. 22. S. 490* da bowent si, *Berger*
da boben sî.   1317 Vnd ernerte *D*, vnd ernŏr *P*.
1319 begreiff er mit *H*.   1321 Do *H*, ganzen *fehlt H*,
mit gantzer *D*.   1322 ermante *D*, wante *H*, ginande
Ettmüller.

an den Grawen Roc er [do] rante,
er gap ime mit kreften einen stoz,
1325 des er sit vil wenic genoz.
der Grawe Roc do kume gesaz,
vil schiere vergalt er ime daz: 1310
der Grawe Roc, der [degen] biderbe,
spranc vil balde her widere,
1330 daz er nie kein wort gesprach,
mit zorne er uf den risen stach.
[sie erbeizten nider uf den plan,   1315
die stolzen degen lobesam.
do schartent sich die heren
1335 mit harte grozen eren,
in wart zu stechen also not,
ieglicher dem andern sin sper bot.   1320
der Grawe Roc, der wigant,
ane stegreif er in den sadel spranc.
1340 'stich frolich', sprach der Grawe Roc,
er spranc frolich uf den tempelhof,
daz er nie kein wort gesprach,   1325
mit zorne er uf den risen stach,]
daz er do muste vallen
1345 mit helfant und mit alle
und er ouch e dot was,
e er quam nider uf daz gras.   1330
do die Surianten daz ersahen,
kreftic was do ir jamer.

1325 Das *D H*, gar w. *H*.   1326 r. vil k. besasz *D*.
1327 Gar sch. er jm v. d. *H*.   1328 Do der *D H*; *vgl.*
2826.   1329 vil kum *H*, hernidere *D*.   1330 Und
er ouch *H*.   1331 heiden *H*, sasz vnd stach *D*.
1333 Die zwen tegen *H*.   1335 so hart *H*.   1339 er
fehlt D.   1341 sprengte . . . hoff *H*.   1343 durch
den *H*.   1344 auch do *D*.   1345 allen *D*, allem *H*,
mit all *P*.   1347 E dann *D*, in das *H*.   1348 Sur-
genten *D*, vorgenanten *H*, ersahen das *D*.   1349 vil *fehlt*,
do ir J. was *D*, wart do ir gahen *H*.

1350 do sprach der Grawe Roc:
'ir heren, swigent durch got:
er ist vil suze entslafen   1335
mit sinen klugen wafen.'
er sprach: 'stant uf, drut kint,
1355 unde bint din merrint,
daz ez dir nit entloufe,
du *enhabest* ez ane penninc verkoufet.'   1340
der Grawe Roc, der wigant,
er greif den risen bit dem helme zu hant,
1360 er zucte in uber den tempelhof,
also uns daz buch saget noch.
er sprach: 'wa ist die farnde diet,   1345
die unser drehtin ie beriet?
die nement hie diz freislich dier,
1365 daz ich han gefangen schier,
und die vil seltsen wunne,
die ich hie han gewunnen.'   1350
des wart die farnde diet so fro,
vil lude schaltent sie al do,
1370 sie quamen geloufen uf daz wal,
sie schouweten den risen uber al.
sie heden in schiere entbunden   1355
an den selben stunden
von allem sime gesmide,
1375 daz [d]er [rise] furte an sime libe.
sie drugent ez allez hin zu dem win

1351 nun schw. *D.*   1352 gar s. *H.*   1353 *fehlt H.*
1354 nun st. *D.*   1355 dem m. *D.*   1356 entlauffet *D.*
1357 Anders du hastes *D*, Du hast din pfenwert kouffe *H.*
1359 Der g. dem r. in den helm *D*, mit *H*, nam er jn bey
dem helm *P.*   1360 zoch *H*, schlaiffet *P*, t. noch *H.*
1361 A. sagt vns d. b. n. *D*, disz *H*, *vgl.* 883, 2355.
1362 frande *D*, frodige *H*, farend *P.*   1364 das *D*, nemen
von disem fr. t. *P.*   1366 seltzame *H.*   1369 leüt *D*,
livt schültent *H.*   1370 Vnd k. *H*, den w. *D.*
1373 In *H.*   1374 a. dem *D.*   1376 es baldt *D.*

und verdrunken ez, so ez durest mohte sin.   1360
sie sprachen alle gliche:
'nu wol her, arm und riche!
1380   die da wollent ezzen und drinken,
die sullent zu uns sinken!
daz han wir von dem Grawen Roc,   1365
daz sagen ich uch ane allen spot.
daz vergelde ime got der gude
1385   und Maria, sin liebe muder!'
do die Surianten daz ersahen,
vil kreftic was do ir jamer.   1370
dannoch hielden uf dem plan
vor dem Grawen Rocke [zwolf kunige] lobesam
1390   zwolf kunige vil riche,
[mit iedem] sehshundert heiden freisliche.
sine hende er uber sich bot: 1375
'nu hilf mir, Maria, uzer not
durch die hohsten namen dri
1395   und sta mir hude mit druwen bi!'
daz begunde erbarmen die frie,
die kunigin sant Marie.   1380
sie sprach: 'drut sun vil guder,
hilf dem kunige Orendel uz noden.

1379 Beid arm *H*.   1380 Die mit vns w. *D*.
1381 her zů *D*.   1385 sant M. s. künigkliche *D*.
1386 Surgenten e. das *D*, vorgenanten sahent also *H*.
1387 da ir j. was *D*, Do wart gar grosz jr j. do *H*.
1388 hielt *H*, h. gegen dē grawen rock *D*.   1389 Zwŏlff
haydenischer künig freysam *D*, doch so warn noch vnder
jn zwŏlff mañ vnd auch gůt wŏrlich Ritter *P*.   1390 Die
worent also r. *H*.   1391 heiden *fehlt D*; *die Zahlen der
Gegner hielten sich anscheinend urspr. in mäßigen Grenzen
und stiegen im Verlauf der Handlung: 300 (805), 600
(1391), 1400 (1567), 1600 (1870), erst junge Zutaten und
Bearbeitungen rechnen nur nach Tausenden, vgl. auch 298.*
1393 her Got *H*, ausz aller *D*.   1394 hohen *H*.
1395 ste *D*, bisz *H*.

1400	drut sun, lieber here,	
	durch dines heiligen grabes ere,	
	durch des willen er sich hat uz gehaben,	—
	drut sun, du salt ez ime nit versagen.'	—
	do sprach unser drehtin:	1385
1405	'[ich dun ez] vil gerne, liebe muder min.'	
	do sante ime Krist von himele	
	dri engel balde hernidere,	
	den vil heiligen engel here,	—
	den guden sant Gabriele,	
1410	und den guden sant Raphael	1390
	und den guden sant Michael.	
	die heiligen dri engel	
	furten dri swert in iren henden.	
	sie sprachen: 'horstu kunic Orendel,	
1415	uns hat got und sin muder zu dir gesendet,	1395
	daz wir dich ane allen zwivel	
	sullen behuden *in* allem volcwige.	
	und wirstu under uns erslagen,	
	so wil got in [dem] himel din sele haben:	
1420	du salt frolichen striden	1400
	in disen . . . ziden.	
	die engel . . . . . . in den strit,	

1400 f. *fehlen H.* 1402—03 *fehlen D H, vgl.* 702*f.*, 818*f.*,
2057*f.*, 2836*f.* 1404 Got der vil gutter *H.* 1405 draut
m. *D*, es gern vil l. m. *H, vgl.* 2061*f.*, 2840*f.* 1406—07 D.
s. sy jm vom himelrich Dry e. hernider fürderlich *H.*
1408 *fehlt H.* 1410—11 *eine Zeile* Vnd die g. S. M.
vnd R. *H.* 1411 Vnd auch *D.* 1413 Die f. *D, vgl.*
1703. 1414 horstu *fehlt H, vgl.* 1704—06. 1415 u. s. m.
fehlt H. 1416 dich vor dem leiden tivffel *H.*
1417 B. s. vor a. folckfeyge *D*, Behüttent vnd vor den
heiden on zwifel *H, vgl.* 1709. 1418 und *fehlt*, w. den
D, w. hie ersl. *H, vgl.* 1710. 1419 in dem h. *fehlt H, vgl.*
1711. 1421 d. gegenwertigen z. *D*, Zu d. z. *H, vgl.* 1712 *f.*
1422 D. e. riten mit im in d. st. *D*, Do stunt jm sin
mut zu striten *H.*

er sluc die diefen wunden wit,
der strit werte nit lange,
1425 einen somerdac was er zugangen, 1405
unz daz der Grawe Roc gut
der kunige sehs zu dode sluc.
die andern sehs ime entrunnen
ir ieglicher mit diefen wunden.
1430 welher den andern do an rurte, 1410
den duhte, wie in der Grawe Roc uberfure.
do der Grawe Roc daz ersach,
daz nieman mit ime vaht noch stach
und sie ime an den stunden
1435 wurden fluhtic und entrunnen, 1415
[do der stolze jungelinc lobesam
den sige an den heiden gewan]
umme warf er daz marc,
daz was kreftic unde starc,
1440 er liez ez hohe springen 1420
vor frouw Briden der [edelen] kuniginne.
gegen ime ginc frouw Bride,
die schonste ob allen wiben.

1423 sch. in tieffe *D*, w. so witen *H*.   1424—25 D.
st. w. zu hant Wol driger somer tag lang *H*, *vgl.* 1495,
Vogt ZfdPh. 22 S. 490.   1427 Sechs k ... erschlug *H*.
1429 Mit grossen und t. w. *H*.   1430 do erreit *H*.
1431 wie d. Gr. R. do streit *H*, über fûrt *D*.   1433 n.
mer m. *D*, schlug noch stach *H*, noch st. *fehlt D*, mitt jm
Rennen oder fechten wolt *P*, *vgl.* 1117.   1434 im
do *D*.   1435 Alle fl. werden begunden *H*, das sy all
fl. waren *P*.   1436 Sy hûbent sich ab dem ringe Die
vil stoltzen iüngelinge Als der grawe rock der degen lobesan
D, Der vil st. j. und man Der Gr. R. und tegen l. *H*.
1437 *fehlt H*, *vgl.* 435f., *die Verwirrung ist wohl durch den
Zusatz der* Grawe Roc *veranlaßt*, *vgl.* 1011, 1026, 1538,
2046, 2050, 2680, 2821, 2825, 3143, 3180, 3643, 3678,
3904.   1438 Er umb w. do sin schone m. *H*.   1439 Die
w. *H*.   1443 ob aller *H*.

do sie in verrest ane sach,
1445 daz wort sie gutlichen sprach: ₁₄₂₅
'Got gruze uch, her Grawer Roc!
ich solte uch nit gruzen, weiz got:
ir hant mir erslagen mine man,
die mir des [heiligen] grabes solten gehudet han.'
1450 do sprach der Grawe Roc: ₁₄₃₀
'nein ich, frouwe, daz weiz got,
ich ersluc [hude] keinen kristenman,
vor war ich uch daz sagen kan.
wizzent, uwer heidenischen knehte
1455 die dunt mir gar unrehte, ₁₄₃₅
und schonte ich uwer nit dar an,
ez muste in an daz leben gan.'
'nu sich her, schoner jungelinc,
kose mit mir, eines [rehten] keisers kint!
1460 mir sagete die godes stimme ₁₄₄₀
von des kuniges Ougels kinde:
er hup sich von Triere
mit zwein und sibenzic kielen,
die sint ime alle versunken,
1465 [und] in dem wilden mer erdrunken, ₁₄₄₅
do genas nie keiner slahte man
wan der junge kunic lobesam,

1444 von veren *H*.   1445 Dise w. s. g. zu jm sp. *H*.
1447 aber nit *D*, wisz *H*.   1448 meinen *D*.   1449 das
heilig grap s. behut *H*, das hailig gr. behůten vñ behalten *P*.
1451 fr. wisz *H*, das waiszt got *P*.   1453 Frouwe ich ...
gesagen *H*.   1455 die *fehlt H*, mir sicher g. *D*, mit
übel vnd mit *H*.   1457 euch allen *D*, wår kainer
lebendig *P*.   1459 küsse mier *H*, mir *fehlt D*, lasset
vnß basz mitainander reden *P*, *vgl*. 1487.   1460 sagt
D, seit *H*, hat . . . verkündet *P*.   1461 Eygels *D*,
Origels *H*.   1463 s. u. zw. *H*.   1464 im auch a.
D, jm gar *H*.   1465 dem mer *H*.   1466 nye kain
geschlachter *D*, nie geschlahter *H*, nekeiner slahte *Vogt
ZfdPh*. 22 *S*. 490.   1467 Den der *D*.

der ist alders eine genesen:
der sal hie min here wesen,
1470   er sal ouch wesen kunic und here   ₁₄₅₀
uber [daz] lant und burg zu Jerusaleme.
sint ir der selbe jungelinc,
so sullent ir mir wilkomen sin.'
do sprach der Grawe Roc:
1475   'nein ich, frouwe, daz weiz got,   ₁₄₅₅
ich bin ein ellender man wol frumer
und bin durch got zu dem grabe her kumen.'
wie ez umb die rede were gedan,
sie umbfinc den degen lobesam.
1480   daz sach der heiden Mercian,   ₁₄₆₀
wie balde er loufen began!
do er sie verrest ane sach,
daz wort er grimmiclichen sprach:
[er sprach] 'wie nu, frouw Bride,
1485   die schonste ob allen wiben,   ₁₄₆₅
ist daz nu gedan rehte,
daz ir kosent mit mime knehte?'
sie liez in balde von der hant,
sie sprach: 'wie nu, mere wigant?
1490   daz ist doch selden ie geschehen,   ₁₄₇₀

1468 ist ouch einig *H*.   1469 auch hie *D*, sol auch
hye *P*.   1470—71 Er s. über das landt w. k. v. h. Vnnd
über die gûten b. z. J. *D*, Er s. o. werden h. u. k zu hant
Vber d. b. J. und dis l. *H*, *vgl*. 875, 881, 1806, 2254, 2278.
1472 derselbig iüngeling fein *D*.   1473 mir vnnd dem
graffen *D*.   1474 *fehlt H*.   1475 fr. wisz *H*. *Nach*
1475 Ich wer vil kum desselben bot *H*.   1476 armer
m. *H*, wol fr. *fehlt D*, ain ellender m. *P*.   1477 zů dem
hailigen gr. gegan *D*, disem *H*, herkömen über môr *P*,
der Vierreim in D ist kaum urspr.   1478 *fehlt H*.
1481 l. do *H*.   1482 vereinen s. *H*.   1483 Dise
w. er mit grimme *H*.   1484 we *H*. 85 sch. aller wibe *H*.
1487 küssent minen *H*, mitt ainem . . . knecht koset *P*,
vgl. 1459.   1489 wie *fehlt D*.   1490 s. nye *D*.

daz man zu hove habe gesehen
dinen kneht so frumen . . .'   —
do sprach der Grawe Roc:
'ime ist nit also, daz weiz got,
1495   ich gesach in nie wan gestern fru,
sin ros lech er mir zu: 1475
ich enwart sin nie eigen
noch mannes uf erden keines
ane [allein] godes des vil guden
1500   und siner kuniclichen muder.'
do sprach der heiden Mercian: 1480
'Grawer Roc, laz die rede stan,
oder ich heizen dich nemen bi dem hare
und heizen dich furen fur die burg zware
1505   und heizen dich slahen und bluwen,
daz dich din rede muz ruwen.'   1485
Der Grawe Roc, der wigant,
sine fust er zu samen twanc,
er gap dem heiden einen slac,
1510   daz er vor ime *gestracter* lac,
er sprach: 'wie nu, heidenischer man?   1490
daz ist der dienst, den ich dir han gedan.
wan du sin begerest, here,

1491—92 *eine Zeile D H*, D. m. d. kn. so fr. zů h. h.
g. *D*, D. m. die kn. so frum sol sehen *H*, . . . eüch vnnd
eüwer knechtte zů hoff . . . *P*.   1494 Es ist nit frouw
d. wisz *H*, frauw got waiszt *P*.   1495 dan *H*, g.
morgen fr. *D*.   1497 S. ei. w. i. n. *H*.   1498 N. k.
m. uff e. ie *H*, auff erdtrich *D*. *Nach* 1498 auch ob gott
will hynfür nymermer werden soll *P*, *vgl.* 505*f.*, 539*f.*,
Vorlage und ouch uf . . .   1499 G. das verjehe ich *H*.
1500 sandt Maria s. k. m. *D*, der kunigin edel und rich *H*.
1502 din r. *H*.   1503 Ob ich dich h. *H*.   1504 fur
das burg tor *H*.   1506 die r. *H*, gereüen *D*, oder es
wirt dich reüen *P*.   1508 er *fehlt D*.   1510 auff der
erden *D*, uff d. e. *H*, das er jm gestrackt für sein fůsz viel
P, *vgl.* 2651, 2705.   1512 Disz *H*, das *P*.

    so dienen ich dir mere.'

1515   do sprach frouw Bride zu hant:

    'des wortes sagen ich uch danc.'   1495

    frouw Bride hiez balde entspringen,

    den heiden fahen und binden,

    man leite den degen here

1520   in einen diefen kerkere.

    do sprach der Grawe Roc: 1500

    'ergebent mir den heiden, durch got,

    vil schone maget lobesam,

    ich han ime vil zu leide gedan

1525   und han zu vil an ime gerochen:

    sinen bruder han ich ime erstochen.'   1505

    frouw Bride hiez balde entspringen,

    den heiden fur sich bringen,

    sie nam in balde bi der hant,

1530   sie sprach: 'nu si*ch*, m*ere* wigant,

    nu du ime nach dem willen din!'   1510

    sprach daz schone megedin.

    der Grawe Roc zusneit [ime] sin gebende,

    er loste ime fuze und hende,

1535   er sprach: 'nu ganc uber den hof

    und nim wider dinen schilt und din ros   1515

    und sich, als liep dir si din *sele*,

1516 schlages vnd mortes *D*.   1517 Do h. fr. *B*.
geringe *H*.   1518 h. Mertzian *D*, für sy do bringen *H*,
f. v. bringen *D*, zů fahen *P*, binden *Ettmüller, vgl.* 1533.
1519 Do l. m. *H*.   1522 Fraw ergent *D*.   1525 Ich
h. mich wol g. *D*.   1527 Do h. die fr. geschwinde *H*.
1528 her für sy *H*.   1530 sie sp. *fehlt H*, sag mir *D*,
sig lidig her *H*, nym̄ hyn kůner *W*. dysen gefanngen *P*, nim
hin h. w. *Berger*, nu se mere w. *Vogt ZfdPh. 22 S. 490*,
vgl. auch 1489.   1531—32 *fehlen H*.   1533 schneyd
D, zerschnaid *P*, die g. *H*, alle seine *P*.   1534 Vnd
erloste *H*.   1535 g. wider *H*.   1536 schil vnd rosz *D*.
1537 d. ere *D H*, als lieb dir leyb vnd leben sey *P, vgl.*
1626, 2237.

so vergich *min zu* [*eime*] *knehte* nummer mere.'
do sprach der kunic stede,
1540   daz er ez gerne dede.
do er sin gut ros begreif,   1520
wie balde er fur die porte reit!
wie wunderliche und harte
durch den Abrahamischen garten! . . .
1545   in [ein lant daz hiez] die wusten Salunje . . .
. . . . *die juncfrouwen*   —
die kunigin nam mit druwen   1525
den Grawen Roc bit der hant,
sie furte den wigant
1550   uber den hof gedrade
in eine schone kemenade.
mit ime gingent zwene heren,   1530
die plagent sin mit grozen eren.
man rihte dem heren einen disch,
1555   man druc ime dar fleisch und visch,
man gap ime alles des genuc,
daz daz ertrich ie gedruc   1535
von brode und ouch von wine,

1538 So v. des grawen rocks n. m. *D*, So tu wider den
Growen Rock nit m. *H*, vnd hůet dich . . . das du deszs
grawen rocks nymermer zů ainem knecht gedenckest *P*,
vgl. 2238, *zur Versüberfüllung vgl.* 1437.   1540 das g.
H, es recht g. *D*.   1541 ergrayff *D*.   1543 vnd
auch *D*.   1544 Rant er durch *H*.   1545 Salunje
fehlt D, In die wüste Schalim also heiset ein l. *H*, durch
die wůsten Salonie *P*, *vgl.* 1566, 1587, 1869, 1892, *stets im
Reim, daher mannigfach entstellt.*   1546 dem graen rock
dienten die junckfrawen *P*, *vgl.* 242*f.*, 1819*f. H*, 1849*f.*
frouwen : druwen.   1547 nam in *D*, m. tr. zu hant *H*.
1548 mit seiner *D*, by der *H*, mit jr selbs *P*.   1549 Es
was ain kůner w. *D*, Er was ein schoner w. *H*, *vgl.* 1811*f.*
1550 Sy fůrt in über *D*, Sy furte jn u. *H*.   1554 den
D, dar ein *H*.   1555 in dar das wisse crist *D*, *vgl.*
Bergers Anm.   1556 in *D*.   1557 *D*. man uff. e. *H*.

von manger hande spise,
1560 man gap ime wildez unde zam,
so man ez allerbeste mohte han.
do ruwete er vierzehen dage,   1540
als uns daz buch saget,
und danne zweier mere,   —
1565 der stolze degen here.   —
do quam uz der wusten Salunje
der heiden vierzehen hundert.
under den reit ein rise freisam,
der was geheizen Liberian.   1545
1570 der leinte sich mit druwen
zu Jerusaleme an die burgmuren,
er sprach: 'sint ir din, frouw Bride,
die schonste ob allen wiben?
so gebent uns den Grawen Roc   1550
1575 her uz uf den tempelhof!
oder daz heilige grap wil ich verbrennen,
die kristenlude quellen dar inne.'
do frouw Bride die rede vernam,
uf stunt die maget lobesam,   1555
1580 sie ginc uber den hof gedrade

1559 Und ouch m. h. pusine *H*.   1560 bede wilde *D*.
1561 aller *fehlt H*.   1562—65 Der st. tegen und herre
Der ruget xiiii tage und mere *H*.   1563 b. die warhayt
sage *D*.   1565 Das ain st. *D*.   1562—65 Allso weret
die rûwe vnd gût gemach sechsz tag *P*.   1566 do *fehlt*
D, usser *H*, Deschan *D*, Düschkan *H*, Salonie *P*.
1567 v. h. man *H*, Mit . xiiij. tausent haydenischer m. *D*,
Sibentausendt *P*, *zur Zahl vgl*. 1391, *P ist in Zahlen wie
oft in Namen unzuverlässig*.   1568 in *D*, den *P*.
1569 liebman *D*, Bebüam (?) *H*, Liebriant *P*.   1570 leite
s. ane truren *H*.   1571 für die *H*.   1573 schôst
D, sch. aller wibe *H*.   1574 vns herausz d. *D*.
1575 her uz *fehlt*, disen *D*, *vgl*. 1877*f*.   1576 ver v.
D, zerstörn *H*.   1577 Und d. Kristenen l. dar in
verkern *H*.   1578 Als *D*.

in eine schone kemenade.
do sie den Grawen Roc ane sach,
daz wort sie gutlichen sprach:
'slafent ir, her Grawer Roc?' 1560
1585 er sprach: 'nein ich, frouwe, daz weiz got.'
sie sprach: 'here, ez ist kumen
uz der wusten Salunje
der heiden vierzehen hundert man
und ein rise freisam. 1565
1590 sie heischent uch also harte
zu Jerusaleme fur die porte.'
do sprach der Grawe Roc:
'frouwe, *des walde* got!
der got, der mich beschaffen hat, 1570
1595 der git mir drost unde rat.
er lat mich nit verliesen min leben',
also sprach der uzerwelte degen.
des morgens do ez dagete

1582—83 *vgl.* 1885—88.   1583 Gar tugentlichen sy
sp. *H.*   1584 Sy sprach schl. *D.*   1585 ich *fehlt D,*
fr. wisz *H.*   1587 scholmen *D,* Schalamemungen *H.*
1588—89 *fehlen D.*   1588 Wol v. h. heidisch m. *H, vgl.*
1893.   1589 Die wollent uch hie bestan *H,* vnnder den
ist ain grosser vngefûger man *P, vgl.* 1568, 1894; *da auch*
1892—94 *die Überlieferung zerrüttet ist, ist die Echtheit von*
1589 *u.* 1894 *sehr zweifelhaft, denkbar ist, daß beide unecht*
sind und 1586*f.* 1891*f. urspr. eine Zeile waren :* hundert.
1590 haissent auch *D,* vch usz hörte *H.*   1590—91 der
forderet eüch ... herausz für die port *P.*   1593 das
vergelt euch g. *D,* das vergeb uch *G. H,* des lassen wir
waldten *P, vgl.* 1898.   1594 der g. *fehlt D, vgl.* 1899.
1595 geb *H P, vgl.* 1900, vnd auch *D. Nach* 1597 da mit
gieng er hyn zû dem hailigen grab / vnd knyet nyder auf
seine knye / rûffet got andâchtigklichen an das er jm zû
hilffe kâm / also thet auch junckfrauw Breid / die werd
vnd schôn künigin / sy sprach. Hymelischer vatter vnd
herre / behût vnd bewar mir disen Edlen Cristenlichen

und er des do willen habete,   1575
1600 der Grawe Roc ginc uf den hof.
frouw Bride hiez ime bringen ein ros,
dar uf lac ein sadel helfenbeinin,
sie sprach: 'ez sal din eigen sin.'
sie hiez ime uf den hof dragen   1580
1605 eine brunige was mit golde durchslagen,
sie hatte vil der wunne,
sie luhte als die sunne.
do leite er an zware
sinen guden roc grawe.   1585
1610 er sprach: 'solte ich verliesen min leben,
so wil ich ez in dem grawen rocke uf geben.'
do sprach der Grawe Roc:
'ich sagen uch, frouwe, daz weiz got,
vil edel schone kuniginne,   1590
1615 uwer witz und uwer sinne
die laz*ent* noch hude vor gan
an mir vil ellenden man:
dunt ez durch den himelischen degen
und heizent mir ein gut swert geben!'   1595
1620 frouw Bride hiez balde springen,
iren kamerer zu hove bringen.
do sie in verre komen sach,
gerne mogent ir horen, wie sie sprach:

---

degen mit dem ich dein hailiges grabe in pfleg vnd hůtt
haben soll *P*, *entsprechend* 1923—32.

    1599 er es *H*.   1601 gůt r. *D*.   1602—03 *fehlen H*.
1602 helffenbein *D*.   1603 Fraw Breyd sp. *D*.   1605 Sein
D, die w. . . . beschlagen *H*.   1606 so vil *D*.   1607 d.
klar s. *D*.   1608—09 Dor uber l. er an S. growen r. der
helt lobesan *H*.   1610 sol *H*.   1611 In d. gr. r. wolt
ich gern sterben *D*, *vgl.* 1998, 2751.   1613 Fr. ich s.
üch on allen spot *H*.   1614—17 *fehlen H*.   1615 vnd
auch *D*.   1616 lasz nit n. *D*.   1620 h. geschwinde *H*.
1621 Den k. ein gut schwert br. *H*.   1622—29 *fehlen D*.
1623 mochent *H*.

'horstu, degen lobesam,   1600
1625 mines vader Davides swert muz ich han!
und sich, als liep dir si din *sele*,
.... *nummer mere.*'
do hiez er *balde springen*,
eine lade har fur bringen,   1605
1630 die er mit drin slozen uf entsloz,
des er sid*er* wenic genoz.
dar uz nam er vil schiere
ein swert luhte als ein spiegel,
er gap ez frouw Briden in die hant,   1610
1635 sie sluc ez in ein steinin want,
sie brach ez zu drin stucken,
sie sluc ime daz ein uber sinen rucke,
sie nam in bi dem hare,
sie drat in under die fuze zware.   1615
1640 lude rief der degen lobesam:
'schone maget wol gedan,
laz mich genesen, kunigin here,
ich zeigen dir daz swert mines heren.'
do sprach frouw Bride,   1620
1645 die schonste ob allen wiben:
'daz mustu dun zware,
e daz ich dich laze [bi dem hare].'
er wiste die maget werde

1626 d. leben je mer *H*.   1627 *fehlt H*.   1626—27 vnd
hůte dich woll eben das du mich mitt kainem anndern
icht betriegest *P*.   1628 er geschwinde *H*.   1630 schlü-
szeln uff schlosz *H*, die beschlossen was mit dreyen
schlossen *P*.   1631 seyd her vil w. *D*.   1632 Do n.
er usz dem biegel *H*.   1635 umb *H*, in *P*.   1636 dr.
klainen st. *D*, in dry stücke *H*.   1638 auch bey *D*.
1640 rufft *H*.   1642 m. schon k. erneren *H, vgl*. 2480.
1643 So z. ich *D*.   1645 sch. aller wibe *H*.   1646—47 Ich
gelosse dich nie mer by d. h. Du wisest mich dan vor *H*.
1647 *wie Berger*; Ob ich *D, vgl*. 2485.   1648—49 Er
sprach eins m. tieff u. der e. Do such magt edel und w. *H*.

	eins mans dief under die erden.	1625
1650	do grup man uf daz alde sas,	1632
	daz des kuniges Davides was.	
	er swur mit duren eiden,	1628
	ez stahte in einer guldinen scheiden,	
	ez were scharph und ouch breit,	
1655	stahel noch isen ez nie vermeit.	
	do *druc* sie *ez* also gerihte,	1636
	da sie den *Grawen Roc* wiste.	
	[ez druc die maget al zu hant,	1684
	da sie den Grawen Roc vant]	
1660	sie sprach zu dem wigant:	
	'se, daz gut swert in dine hant!	
	und behalt ez wol mit sinne,	
	da ist sant Bangracien heildum inne.	
	ez gefurte nie kein man,	1640
1665	er *enmuste* den obersten sige han.'	
	vil schiere er sich begorte	
	mit sime guden swerte.	
	sie satte ime uf sin houbet	
	einen helm was wol gebouget.	1648
1670	dar umme lac vil schone	

1650 den *D H*, schatz *H*.　　1651 Der *D H*, *vgl.* ez 1653*ff.*
1652 m. hohen *H*, teürn *P*.　　　1653 schachte ... guten
H, gulden *P*.　　1655 In kainen nôten es st. n. eysen n. v.
D, St. und ysen es schneit *H*.　　　1656 Do gieng sy a.
g. *D*, Do ging sy mit jüste *H*, trûg sy gerichts *P*.
1657 das gût schwert *D*, das gut sch. *H*, da sy den grawen
Rocke weszt *P*.　　　1658 Do ging d. m. zu h. *H*.
1658—59 *auch der Vierreim spricht gegen die Echtheit.*
1661 Se hin d. *D*, Se ein *H*, nym̄ hyn ... das *P*, in
die *H*.　　　1662 halt es mit *H*, behalt *P*.　　　1663 Bran-
ckirtzegen *D*, Brandans *H*, Pangracien *P*.　　　1664 n. k.
ander m. *D*, nye kain man *P*.　　　1666 Gar bald *H*,
gürte *D*, *vgl.* 1000, 1054 *u. ö.*　　　1667 vil g. *D*.
1669 h. vil w. gepaute *D*, beloubet *H*, *vgl.* 1003.
1670 Darunder *D*, wol sch. *H*.

von golde ein liehte krone,
als sie der kunic Davit
hatte gefurt vil mangen strit.
der Grawe Roc, der wigant,   1650
1675 ane stegreif er in den sadel spranc.
daz ersahent die heren   1976
mit [so] harte grozen eren,
sie sprachen: 'waz kuniges mac daz wesen?
wir gedruwent vor ime wol [zu] genesen:
1680 er enfurt nit anders zware   1980
dan einen [guden] roc grawe,
als er an disen stunden
uz eime closter si entrunnen.
nu wizzent ane zwivel:
1685 wir enwollen dalanc fuz mit ime geriden.'   1985
wie schiere der degen lobesam   1652
den schilt zu den armen genam!
man brahte dem degen kune
ein sper was ungefuge.   1655
1690 der Grawe Roc, der helt gut,
alleine sich [zu Jerusaleme] *vor die porte* hup,
nach ime besluzzen sie die dor,
den Grawen Roc liezent sie da vor.
Do wart der Grawe Roc bestanden   1660

1672 Also der *H*, *vgl.* 2758.   1674 und w. *H*.
1675 er *fehlt D*.   1676 do die *D*.   1678 ist das ge-
wesen *H*.   1679 trawent *D*, w. v. jm *H*.   1680 Der
D, n. ander wat *H*.   1681 einen growen r. der jm
wol an stat *H*, *vgl. P zu* 2012.   1682 Und wie er *H*,
er nun *D*.   1683 Usser *H*, kumen *H*.   1684 alle
on *D*.   1685 entwolten *D*, wollent schimpff mit jm
triben *H*, *vgl. P zu* 2016.   1689 sp. vil grosz vnd vng.
D, *vgl.* 1065, 2020, 2767.   1690 tegen g. *H*.   1691 von
J. *H*, vnd rayt auß zů der portten *P*, *vgl.* 2022, 2769, *zur
Versüberfüllung vgl.* 330, z. J. *aus* 1591, 1896.   1692 be-
schliessent *H*.   1694 bestritten *H*.

1695   von vierzehen hundert heidenischer manne.
            do sante ime Krist von himele
            dri engel balde hernidere,
            den vil heiligen engel here,
            den guden sant Gabriel*e*,   1665
1700   und den guden sant Raphael
            und den guden sant Michael.
            die heiligen dri engel
            heden dri swert in iren henden.
            ob ime sie swebten,   1670
1705   wie gutliche sie do redten!
            sie sprachen: 'horstu, kunic Orendel,
            uns hat got und sin muder zu dir gesendet,
            daz wir dich ane allen zwivel
            sullen behuden *in* allem vol*c*wige.   1675
1710   *und* wirstu under uns drin erslagen,
            so wil got dine sele in [dem] himel haben.'
            do mohte er gerne vehten,
            ime half unser [here und *der*] drehtin.
            er hup sich balde von dan[nen]   1680
1715   furbaz uf den Jordan,
            da er Liberianen fant,
            den heidenischen wigant.

1695 V. . xiiij. tausent *D*, Mit xIIII° heiden enmitten *H*,
vgl. 1567, 1588.   1696 christus *D*, Got v. himel rich *H*.
1697 e. h. fürderlich *H*.   1698 Drige e. h. *H*, *vgl.*
1408.   1700 und *fehlt H*.   1702 *fehlt H*.   1703 Die
h. *H*.   1704 im sach er sy schweben *H*.   1705 do
betten *D*, Und jm beschirmen sin leben *H*, die schwebten
ob jm vnd redten jm gar gûtlich zû *P*.   1706 horstu
fehlt H, Hôrst du k. *P*, *vgl.* 1414.   1708 dich behütten
on *H*.   1709 behalten vor allem übel *D*, Vor allem
volck der tivffel *H*, *vgl.* 1417.   1710 *fehlt H*, W. dann
D, vñ ob du vnder vnnß dr. e. würst *P*, *vgl.* 1418.
1711 im h. *H*.   1712 vil g. *D*, Do von mahtu *H*, . . .
do mocht er *P*.   1713 die *D H*.   1714 danan *H*.
1715 Iordanen *H*.   1716 Liberianem *D*, Lieberinen *H*.

do sie einander ane sahent,
sie begunden zu einander gahen   1685
1720   mit starken micheln grimme.
in stach der Grawe Roc durch die ringe,
daz der vil ungefuge man
des stiches zu der erden quam.
die engel nament des stiches war . . .   1690
1725   zu aller forderst an der heiden schar,
und der der heiden baner furt,
wie balde er ime daz houbt ab sluc!
er det in sinen siden kunt,
er durchbrach daz her dri stunt   1695
1730   mit sime guden scharsas,
daz des stolzen kuni*ges* Davides was.
die vil stolzen degen snelle
die fluhent uf dem velde,
sie mustent rumen die walstat,   1700
1735   also uns daz buch noch sagt,
in einer kleinen wile
hinder sich eine mile.
des morgens an dem andern dag   —
do verjagte er die . . . . . . schar   1710
1740   [die selben verjagte er ouch gar]   1714
in daz wilde klebermere,   1716
daz vil wunderliche here,

1718 ane *fehlt H.*   1719 Balde sy zu e. gohent *H.*
1720 starckem michelm *H.*   1721 sin r. *H.*   1722 Do
d. lang u. *H.*   1724 stiches *fehlt H*, deß wurden die
Engel gottes fro *P.*   1725 heiden *fehlt D*, under der *H*,
vnd hulffen jm aber fürbas. Allso das er kam zů vorderst
in der Haydenn schar *P*, und hulfen ime an d. h. sch.?
1728 im *D.*   1729 in dr. *D.*   1730 M. dem gutten
schwert dasz so scharff was *H.*   1731 künig *D H, vgl.*
1461, 1651.   1733 viellent *H.*   1734 Do m. sy *H.*
1735 Als u. dis b. gesagt hat *H, vgl.* 1259.   1738*ff. vier
Tage auch Berger.*   1739 Also *D H*, die klaine *D*, die
grosse *H.*

dar in erdrencte sie der Grawe Roc,
daz wizzent ane allen spot.

1745   des morgens an dem *dritten* dag   1704
do verjagte er aber ein ander schar,
einen kunic und allez sin here,
in daz weterische mere.

der Grawe Roc, der helt gut,
1750   manigen heiden er zu dode sluc.
darnach an dem *vierden* dag   1720
do verjagte er die letzten schar
verre in einen vinstern dan,
daz was in allen gar ein ban.

1755   die vor vinster nit mohten geriden,
die musten des Grawen Rockes erbiden,   1725
ez were in liep oder leit,
der Grawe Roc hin nach streit.

er begunde die helme vaste houwen,
1760   des weinten die schonen frouwen
und ouch die vil richen mage,   1730
die dannoch lebendic waren.
also hede des kuniges *Ougels* barn
einen herten sturm freisam,

1765   er sluc mit [siner] ellenthafter hant
zu dode mangen [heidenischen] wigant.   1735

1743 Do zertrant sy *D*, darinnen versunncken *P*.
1745 Morndes am *H*, andern *D H*.   1746 do, aber *fehlen*
H, versagte ... die andern *D*.   1747 kame der Haidnisch
Künig Mertzion mitt ailff hundert mannen *P*.   1748 Wet-
tesche *H*.   1750 er *fehlt D*.   1751 dritten *D H*,
vierdten *P*.   1752 d. dritte *H*, aber ain besonndere
sch. *P*.   1753 wüsten *H*, finstern *P*.   1754 alles ein *H*.
1755 finsternusz *D*.   1756 do biten *H*.   1757 in
auch *D*.   1758 auch fast hinach *D*, hinden uff sy *H*.
1760 Das *H*, aller schönsten *D*.   1761 ir v. r. magten *D*,
man *H*.   1762—63 *fehlen H*.   1763 Orendels *D*.
1765 er sl. *fehlt*, seiner ebentffaffter *D*, Künig Orendel
schl. m. s. h. *H*.   1766 Er schlůg zů *D*.

do gewunnent die selben geste
eine vil unsanfte reste.
die ime entrunnen zware,
1770 daz sagen ich uch fur ware,
vil widen uf den alben   1740
sie sahent allenthalben,
sie forhten den degen lobelich,
sie *gaheten* alle verbergen sich,
1775 sie wantent, daz der degen here
zu allen ziden bi in were.   1745
als der Grawe Roc, der wigant,
die vierzehen *hundert* heiden twanc,
do kerte er wol mit eren
1780 gein der burg zu Jerusaleme.
die wile lac frouw Bride,   1750
die schonste ob allen wiben,
vor dem heiligen grabe,
als wir ez an dem buche haben,
1785 daz sie weder az noch dranc:
zu gode stunt aller ir gedanc,   1755
und bat got den guden
und sant Maria sine muder,
daz sie also wol deten
1790 und in wider gesund*en* brehten.
do sie daz wort ie vollen gesprach,   1760
uber die heide man in riden sach.

1769 e. worent *H.*   1771 V. wittiben *D,* Uff der w.
a. *H.*   1772 empfluhen jm in ainen finstern tham (*vgl.*
1753) vnd auff die Allben *P,* sahen in *Ettmüller.*
1774 gingen *H,* giengent allen verburgen *D.*   1775 wonent *H.*
1778 die *fehlt H,* tausent *D,* tusent *H, vgl.* 1695.
1780 gegen *D,* Zu d. b. J. *H.*   1781 Alle die *D,* die
weil *P.*   1782 sch. aller wibe *H.*   1784 es *fehlt H.*
1786 aller *fehlt H.*   1788 sant *fehlt H.*   1789 also
fehlt H.   1790 den grawen rock *D,* g. her wider br.
H, jrem kempffer Syg vnd glück gåb *P,* dede : gebe *?*
1791 ie *fehlt H.*

do sagete man ir die mere,
daz der Grawe Roc kumen were.
1795 gegen ime ginc frouw Bride,
die schonste ob allen wiben. 1765
do sie in verrest ane sach,
daz wort sie gutlichen sprach:
'Sint gotwilkumen, her Grawer Roc!
1800 ich kan uch nit anders nennen, weiz got.
ob ich uch erkante, 1770
wie gerne ich uch anders nante!'
also sprach daz schone megedin:
'doch sullent ir min here sin,
1805 ir sullent wesen kunic und here
uber [daz] lant und burg zu Jerusaleme.' 1775
do sprach der Grawe Roc:
'frouwe, den spot vergebe uch got!
ir sullent warten eins kuniges zu hant,
1810 der do habe lude und lant.'
do umbvinc sie den wigant 1780
und nam in bi siner hant.

1794 Wie daz . . . wider k. *D.* 1795 so g. *H.*
1796 sch. aller wibe *H. Nach* 1796 wann jr nye so lieb
geschache / dann do sy jn sach nach seiner widerkunfft *P,*
vgl. 2534 *f.* geschach: sach *ergäbe Vierreim!* 1797 ver komen
s. *H.* 1798 Gar g. sy zu jm sp. *H.* 1799 S. wilkum
ir *D,* seyt got vnd mir willk. *P.* 1800 wisz *H.*
1801 aber nun e. *D,* anders e. *H, vgl.* 858, 2786.
1802 anders *fehlt H.* 1803 also *fehlt H.* 1804 D. so
mustu m. *H.* 1806 die l. *D,* U. die b. z. J. *H, vgl.* 875,
1471, 2254, 2278. 1808 fr. *fehlt H.* 1802—08 . . . kört
her stoltzer jüngling / vnd lasset vnß weitter mit ain-
ander reden / wann die gottes stym̄ hatt mir zum andern
mal gesagt von künig Anngels sun / wie der vmb sein
leütt vnd gůt kūmen sey / darfür ich eüch nǎmlich
haltt / er laugnet aber vnd sprach / Ich bin sein nicht /
ich bin nicht mer dann ain ellender man *P, vgl.* 1458—1477.
1812 *fehlt H.*

sie furte den heren
in die burg zu Jerusaleme.
1815　sie enhiez nit lenger beiden,
ein bat hiez sie schone bereiden　　　　1785
dem stritmuden man:
daz schuf die maget lobesam,
do batten in die juncfrouwen,
1820　und leiten in [ouch] mit druwen
in peller und in zobel,　　　　1790
als wir ez an dem buche haben.
sie leite ime an mit druwen
einen zobelmantel nuwen,
1825　der was gekoufet an der stunt
noch durer dan umb dusent punt.　　　　1795
sie sazte ime *also schone*　　　　—
uf sin houbt eine *liehte* krone,
als sie der kunic Davit
1830　furte zu siner hochzit.
do sie also gesazen,
gedrunken unde gazen　　　　1800
und der Grawe Roc solte gan slafen
mit frouw Briden in die kemenade,
1835　Do er an daz bette gedrat,
ein engel ime under die ougen sach.
er sprach: 'horstu, kunic Orendel,　　　　1805

1814 gûte b. *D.*　　　1815 hiesz *H.*　　　1816 bet *H,*
Bad *P.*　　　1817 Den *H.*　　　1819 bat *D, vgl. P zu* 1546.
1821 Bede in p. vnd auch *D,* zobeln nüwen *H.*
1822—24 *fehlen H.*　　　1825 koufft *H.*　　　1827—29 Sy
s. im auch auff s. h. weyt Ein kr. die k. D. f. zů s. h. *D,*
Sy gab es im von lieb und on nit K. D. trug is by s. zit *H,*
vgl. 1670—73, 2756—59.　　　1831 *fehlt D.*　　　1832 Und
getr. *H,* Do sy nun getr. *D, vgl.* 2879, 3907.　　　1833 s. schl.
getrate *H, vgl.* 2880, 3908.　　　1834 ir k. *H.*　　　1835 Vnd
do *D,* in *H.*　　　1836 Der *D,* ain *P,* sin ouge *H. Nach*
1836 Gern mügent ir hören wie er sprach *D.*　　　1837 er
spr. *fehlt D,* h. *fehlt H,* Hôr *P.*

mich hat got und sin muder zu dir gesendet,
daz du keiner slahte minne
1840   mit frouw Briden salt gewinnen
biz von hude uber nun jar,
daz gebudet dir got, daz ist war.'   1810
do er die rede do vernam,
uf stunt der degen lobesam.
1845   do ginc er also gerihte,
da er sin gut swert wiste.
[er swur *bit* duren eiden,   1815
ez stahte in einer guldinen scheiden]
daz leite er in ganzen druwen
1850   zuschen sich und die juncfrouwen.
frouw Bride fragete in der mere,
ob ez in sime lande side were,   1820
welhe frouwe neme einen man,
daz sie ein swert zuschen in solten han.
1855   do sprach der Grawe Roc:
'nein ez, frouwe, daz weiz got!
uns enbudet die godes stimme,   1825
vil edele kuniginne,
daz wir keiner slahte minne
1860   mit einander sollen gewinnen,
wan von hude uber nun jar:
daz enbudet uns got, daz ist war.'   1830
do sprach daz edel megedin:

1838 u. s. m. *fehlt H P, vgl.* 717, 1415, 1707 *u. ö.*
1839 mit k. *H,* k. vnkeüschen lieb *D.*   1840 s. pflegen hie *D.*
1841 Noch von *H,* biß von *P, vgl.* 1861.   1842 got
von himel *D,* für wor *H.*   1843 Als *D H,* Do *P.*
1845 Er g. *H.*   1847 bey *D,* by *H.*   1848 schate ...
guten *H.*   1850 schônen iunckfr. *D.*   1851 in *fehlt H.*
1853 nemen *H.*   1854 jr müst *H.*   1855 d. edel
gr. *D.*   1856 wisz *H.*   1858 e. schône *D.*   1859 k.
vnkeüsche lieb *D.*   1860 s. pflegen hie *D.*   1861 Bisz
v. noch *D,* in disen *P.*   1862 Dis *H.*   1863 reine
m. *H.*

'here, stoz din swert in!'
1865   also sprach frouw Bride:
'zehen jar mac ich wol ane man beliben.'
do ruwete er *mit alle*   —
sehs wochen also lange,   **1835**
do quam uz der wusten Salunje
1870   der heiden sechzehen *hundert*.
under den reit ein rise freisam,
der was geheizen Pelian.
der leinete sich in druwen   **1840**
zu Jerusaleme uber die burgmuren.
1875   er sprach: 'sint ir din, frouw Bride,
die schonste ob allen wiben?
so gebent uns den Grawen Roc
her uz uf den tempelhof!   **1845**
oder daz heilige grap wil ich verbrennen,
1880   die kristenlude quellen dar inne.'
do frouw Bride die rede vernam,
uf stunt die maget lobesam,
sie ginc uber den hof gedrade   **1850**
in eine schone kemenade,

1864 nun st. *D*, so st . . . wider in *H*, stosz ein dein
schw. *P*.   1865 die fr. *D*.   1866 on ain m. *D*, magt
H, on dich vnd all mañ *P*.   1867—68 *eine Zeile D H*.
1868 also *fehlt H*, *vgl*. 365.   1869 derschalm *D*,
Schalunge *H*.   1870 tausend man *D*, Wol xvi tusent
h. *H*, viertzehen tausent *P*, *vgl*. 1567. *Nach* 1870 Der
ain wolt den künig Orendel tod han *D*, Also wier des
sint bescheiden *H*.   1873 *D*. bereite s. mit tr. *H*.
1874 die hohen b. *D*, vor die *H*.   1876 sch. aller wibe *H*.
1877 vns herausz *D*.   1878 h. uz *fehlt*, disen *D*, *vgl*.
1574*f*.   1877—78 gebt vnnß den gr. R. herausz für
den t. *P*.   1880 Vnd die Kr. l. darin zertrennen *H*.
1879—80 wan es nichts gilt dann sterben . . . Auch mügt
jr eüch selbs vor mir nicht behaltten / ich wil eüch zů
weyb haben *P*, *vgl*. 1921*f*.   1881 Als *D*.   1882 Sy
st. uff die *H*.

1885　　da sie den Grawen Roc vant:
　　　　daz was ein kuner wigant.
　　　　do sie in verrest ane sach,
　　　　daz wort sie gutlichen sprach:　　　　　1855
　　　　'slafent ir, her Grawer Roc?'
1890　　'nein ich, frouwe, daz weiz got!'
　　　　sie sprach: 'here, ez sint kumen
　　　　uz der wusten Salunje
　　　　der heiden sechzehen *hundert* man　　　1860
　　　　und ein rise *freisam*
1895　　und heischent uch vil harte
　　　　zu Jerusaleme fur die porten.'
　　　　do sprach der Grawe Roc:
　　　　'frouwe, des walde got!　　　　　　　　1865
　　　　der got, der mich beschaffen hat,
1900　　der git mir drost unde rat,
　　　　er lat mich nit verliesen min leben,'
　　　　also sprach der uzerwelte degen.
　　　　der Grawe Roc, der helt gut,　　　　　1870
　　　　an die zinne er sich hup.
1905　　do er in verrest ane sach,
　　　　gerne mugent ir horen, wie er sprach:
　　　　[er sprach] 'du vil w*e*he lange,

1883—87 doch gieng sy hyn da sy den grawen Rock weszte
P (gerihte : wiste) *vgl.* 1582*f.*　　　1887 ver *H.*　　　1888 Dise
w. *H.*　　　1889 ir dinnen h. *D.*　　　1890 wisz *H.*
1891 here *fehlt H.*　　　1892 schallunge *D,* Schlungen *H.*
1893 tausent *D,* tusent wol bereit *H, vgl.* 1588, 1870.
1894 Die wöllent euch her ausz han *D,* r. hoch gemeit *H.*
1894—95 wie der Risz ... jn ... zů jm hynausz vodert
P, vgl. 1589*f.*　　　1895 Vnd fodern *D, vgl.* 1590, so h. *H.*
1896 Hie für *H, vgl.* 1591.　　　1898 w. nun *D,* Das wolt
min *H, vgl.* 1593.　　　1900 mier min *H,* vnd auch *D.*
1904 do h. *H.*　　　1905 er sy *D H,* den Rysen *P,* wehe
lange 1907 *als fem. aufgefaßt?* ver *H.*　　　1907 wol langen
D, wage l. *H,* Ir lannger vnd wåher herr *P, Vogt ZfdPh.
22 S. 490.*

1875

nu hebe dich balde von dannen
hin uf den Iordan!'

1910 also sprach der degen lobesam:
'dar kumen ich dir zu leide',
also sprach der degen *reine*:
'ez wende dan [got] unser drehtin,

1880

so enmahtu nit lebendic vor mir gesin.'

1915 do hup er sich balde von dannen
zu sinen heidenischen mannen.
do sagete er in die mere,
daz [d]er [Grawe Roc] ein kleiner degen were.

1885

'ich wil den Grawen Roc vahen,

1920 und an einen galgen hahen,
frouw Briden wil ich haben zu *wibe*,
da mac mich nieman von driben.'
Der Grawe Roc ginc also gerihte,

1890

da er daz heilige grap wiste,

1925 er liez sich schone uf sine knie,

1908 oder ich treib eüch dannen *P.*   1911 zŭ dir
zŭ l. vnd sere *D*, zu l. schier *H*.   1912 degen herre
D, tegen vier *H*; reine? *aber die Flickverse 1910 u. 12
sind kaum beide urspr., vgl.* leide : heide 2043, 2818 ?
1914 So mustu verlieren das leben din *H*, so solt ir den
dritten tag nicht überleben *P*.   1915 Er h. s. *H*.
1918 kŭner *D*, küner *H*, ain klainer weygant *P*, kleiner
Berger.   1919 *fehlt H*, Iedoch wil ich *D*.   1920 und
fehlt, g. wil ich in haben Vnd wil den galgen uff den
burg graben schlagen *H*.   1921 ich von hertzen lieben
D, zu eigen *H*, minnen *Vogt ZfdPh. 22 S. 489, ohne
Not.*   1922 Das wil ich dem Growen Rock erzeigen
H.   1921—22 Jerusalem wil ich gewinnen vnd was
ich christen darinnen find / will ich all verbrennen
(*vgl.* 1576*f.*, 1879*f.*) vnd die schönen junckfraw Breyden
selb zŭ weib haben *P, vgl. P zu* 1880.   1923 der ging
getrate *H.*   1924 Für das h. gr. er sich lagte *H.*
1925 schier *H.*

unsern heren bat er ie
also schone und dugentliche.   —
also det ouch [frouw Bride] die kuniginne riche. —
sie sprach: 'himelischer here,
1930   behude mir den degen mere   1895
und beschirme mir den ellenden man,
der mir dem heiligen grabe sal bi gestan.'
do sie daz wort ie vollen gesprach,
der engel ir under die ougen sach,
1935   der hatte so vil der wunne,   1900
er luhte als die sunne,
er sprach: 'horstu, frouw Bride,
die schonste ob allen wiben
und [ouch] edele kuniginne,
1940   dine witz und [ouch] dine sinne   1905
die laz noch hude fur gan
an dem vil ellenden man,
so wil ich uch bede nemeliche
furen in daz frone himelriche.'
1945   do frouw Bride die rede vernam,   1910
uf stunt die maget lobesam,
do ginc sie also gerihte,
da sie den mesner wiste.
sie sprach: 'mesner, lude mit schalle!
1950   ich muz die tempelheren haben alle.'   1915

1926 Er b. vns. h. *H.*   1927 vnd also *D.*   1928 Auch
bat die künigin *P.*   1930 disen *H*, werde *D*, *vgl.* 2078,
2411.   1931 *fehlt H*, d. vil e. *D*, *vgl.* 2079.   1932 *vgl.*
2413; mir und d. grabe? *Nach* 1932 Vnd wollest mier in
by leben lon *H.*   1933 vol *H.*   1934 Einen e. sy
do komen s. *H*, *vgl.* 1836, 2883, 3909.   1935 so *fehlt H.*
1936 Vnd l. recht a. *H*, l. schön a. *D.*   1937 hörent ir *D.*
1938 sch. aller wibe *H.*   1942 disem ell. *H.*   1943 ouch
H, bede *fehlt D H*, *vgl.* 3918*f.*   1944 Eür beder sel
f. *D*, Vwer selen f. in das h. *H.*   1947 a. mit lüste *H.*
1948 glockner *H.*   1949 glockner *H.*

die glocken heden einen grozen schal,
die tempelheren quament al
an den selben stunden,
die alden und die jungen.
1955 bi den handen sie sich gefingen,   1920
uber den hof sie gingen
in einen widen palas,
da frouw Bride und der Grawe Roc saz.
do sie die heren ane sach,
1960 daz wort sie gutlich*en* sprach: 1925
'ir heren, lant uch nit ruwen,
ich manen uch uwer druwen,
daz mir der heiden Pelian
wil nemen minen dienstman
1965 und dar zu alle mine ere.'   1930
also sprach die maget here.
do sprach der Grawe Roc:
'[frouw] erloubent mir den heiden, durch got!
und were er als groz als ein turn,
1970 ich vehten mit ime einen sturm,   1935
ich slahen in zu der erden,
oder ich wil an dem heiligen grabe sterben.'
do gebot frouw Bride mangem man,
daz sie ime [mit druwen] solten bi gestan.
1975 sie swuren ime druwe und eide,   1940

1951 lutten mit schalle *H.*   1952 do hin all *D*, alle *H.*
1954 vnd auch *D.*   1955 henden *D H*, sich do *H.*
1956 sy do *H.*   1957 grossen *H.*   1958 R. in was *H.*
1959 sy in ferrest *D*, d. h. komen *H.*   1960 Vil dugent-
lich sy do sp. *H.*   1962 aller tr. *H.*   1963 die h.
allesan *H.*   1964 Mir w. *D*, Wollent *H.*   1966 also
fehlt H.   1968 fr. *fehlt H*, frauw *P*, den hern *H.*
1971 in auch *D.*   1972 w. in d. Growen Rock *H*, tod
funden werden *D*, so stirb ich gern durch des hailigen grabes
willen *P.*   1974 stan *D.*   1975 vnd auch *D*, schw.
alle by jren eiden *H*, *vgl.* 2546, 2556, 2566.

sie *liezen sie* alle *meine.*
der Grawe Roc, der helt gut,
an die zinnen er sich hup.
do sach er uf der heiden
1980 mange baniere weiben, 1945
bede grune und ouch rot.
do nahete mangem heiden der dot.
do ginc er also gerihte,
da er daz heilige grap wiste,
1985 er zoch ab allez sin gewede, 1950
daz ime frouw Bride gegeben hede.
er gap ez also stille
durch des heiligen grabes willen.
do hiez er balde entspringen,
1990 einen briester dar bringen, 1955
der ime eine messe sanc.
do bewarte sich der wigant,
also ez got wolte,
daz er iegenode sterben solte.
1995 do legte er an zware 1960
sinen guden roc grawe,
er sprach: 'solte ich verliesen min *leben,*
so wil ich ez *in disem rocke ufgeben.*'

1976 Sy schwûrent aber alle meynayde *D,* Sy woltent
nit von jm scheiden *H, Vogt ZfdPh. 22 S. 490, vgl.*
2547, 2557, 2567.   1977 und h. *H.*   1978 do h. *H.*
1979 h. streben *D.*   1980 baner schweben *D;* b. becleiden
H, weiben *Bartsch Germ. 5 S. 117.*   1982 sin tot *H.*
1983 er mit lüste *H.*   1985 Vnd zohe *D,* schoch . . .
gewant *H,* gewand *P.*   1986 hat gesant *H.*   1989 Er
h. b. und geschwinde *H.*   1991 in e. m. sünge Das in
wol gelünge H.   1993 g. selber *D.*   1994 yetzund *D,* nignot
H, yetz *P, iegenot v. d. Hagen.*   1995 an sine wot *H.*
1996 Einen *D H,* den *P,* g. Growen R. *H.*   1997 sol
H, m. synne *D,* m. sinne *H.*   1997—98 sollte ich mein
leben . . . vieliesen / so will ich es . . . in diesem Rock auff-
geben *P.*   1998 es verliesen *D,* sy verlieren *H,* hie jnne *D H.*

```
        der Grawe Roc sich begurte
2000    mit sime guden swerte.                              1965
        er sazte uf sin houbet
        einen helm was schone gebouget,
        und hiez do balde entspringen,
        sin gut ros dar bringen.
2005    der Grawe Roc, der wigant,                          1970
        ane stegreif er in den sadel spranc.
        daz ersahent die heren                              1976
        mit [so] harte grozen eren,
        sie sprachen: 'waz kuniges mac daz wesen?
2010    wir gedruwent vor ime wol [zu] genesen:
        er enfurt nit anders zware                          1980
        dan einen [guden] roc grawe,
        als er an disen stunden
        uz eime closter si entrunnen.
2015    nu wizzent ane zwivel:
        wir enwollen dalanc fuz mit ime geriden.'           1985
        wie schiere der degen lobesam                       1972
        den schilt zu den armen genam!
        man brahte dem degen kune
2020    ein sper was ungefuge.                              1975
        der Grawe Roc, der helt gut,                        1986
```

1999 begirte *D*, bewertte *H*, *vgl.* 1000.   2001 Vnd
s. *D*.   2002 wol beloubet *H*, gepawte *D*, *vgl.* 1003.
2003 h. im geschwinden *H*.   2005 Verwegen was d.
w. *H*.   2006 er *fehlt D*.   2007—16 *fehlen D H*,
Als aber jn die Tempelherrn vor jn reytten sahen / (2009)
redten sy vnder ainander / sol diser hye vnser Künig sein /
so ist er ye ain seltzamer künig / (2011) nun hat er nicht mer
an seinem leib (2012) dann aiñ grawen rock / der da ist on
all nåt vnd on geern (*vgl.* 2634) / (2014) recht als ob er ain
münich / vnd ausz ainem closter entrunnen sey / (2016)
darumb wöllen wir dalang kainen füsztrit nach jm reytten.
P, *vgl.* 1676—85, *von Berger hierhergestellt*.   2018 zu
dem halse *H*, nam *D*.   2021 R. und tegen g. *H*.

        alleine sich fur die porte hup.
da vant er halden einen [grozen] man,
der was so duvelichen gedan:
2025   er hatte uber sine bruste   1990
dri brunigen starc und veste,
die eine was hornin,
die ander was silberin,
so was die dritte luter stahel,
2030   *als wir daz buch horen sagen,*   —
ob ein swert durch sine gude   1995
durch die hurnin brunige wude,
so solte daz silber und der stahel
von rehte daz swert wider haben.
2035   zu samen sie do gestachen,
ir beder sper sie zubrachen,   2000
hinder zwene [goltfarwe] schilde sie sich bugen,
zwei scharphe swert sie do zugen,
sie slugen uf einander,
2040   daz die furinen flammen
stubent uf dem velde.   2005
die starken helde snelle
die lident [ouch] vil der leide
uf der breiden heide.
2045   daz was dem heiden Pelian zorn,

2022 alleine *fehlt D H*, Sich zů Jerusalem f. *D*, do h.
H, allso můst der graw R. allain vnder sein feind reytten
P, *vgl.* 1691.   2023 *vgl.* 2770.   2025 auch über *D*.
2026 Dr. brüst *D*.   2027 *fehlt D H*, *vgl.* 2774.
2028—29 *fehlen H*.   2028 starck s. *D*, *vgl.* 2775.
2029 stehelein *D*, *vgl.* 2776.   2030 *fehlt D H*, *vgl.* 2777,
auch 990.   2031 Er hat e. *H*.   2032 die ringe es w. *H*.
2034 d. schw. *fehlt H*, herwider *D*   2035 Also sy zus.
stochent *H*.   2036 Die sp. *H*, *vgl.* 2811.   2037 gold
schilt *H*.   2038 sch. *fehlt H*.   2039 ain ander zů
samen *D*.   2040 fivrigen *H*.   2043 *vgl.* 2818.
2044 Mit ainander auff *D*.   45 Pallan *H*.

des het [d]er [Grawe Roc] na sinen lip verlorn:　2010
der heiden daz swert uf hup,
uf den Grawen Roc er do sluc,
er gap ime mit kreften einen slac,
2050　daz *er vor ime gestracter* lac.
daz begunde erbarmen die frie,　2015
die kunigin sant Marie,
sie sprach: 'drut sun vil guder,
hilf dem kunige Orendel uz noden.
2055　drut sun, vil lieber here,
durch dins heiligen grabes ere,　2020
durch des willen er sich hat uz gehaben,
drut sun, du salt ez ime nit versagen.
und wirt er von den heiden erslagen,
2060　ich mohte in nummer me verclagen.'
Do sprach unser drehtin:　2025
'vil gerne, liebe muder min,
ich heizen ime helfen zu hant,'
also sprach got der heilant.
2065　do sante ime Krist von himele
einen engel balde her nidere　2030
einen [schonen] engel also here,
den guden sant Gabriele.

2046 sin leben *H, zur Versüberfüllung vgl.* 1431.
2047 sin *H.*　2049 Vnd g. im einen *H.*　2050 der
grawe rock vnder seinem schilte *D*, der edel her uff der erden
H, das er gestrackter vor jm nyderuiel *P, vgl.* 2825, *auch*
2705. *Nach* 2050 Nun ist dem armen ellenden Bilgrin
vngeholffen *P, vgl.* 2826*ff.*　2053 durch din güte *H.*
2054 Nun h. *D*, nöte *H.*　2055—58 Dr. s. du solt es
im n. v. *D.*　2058 Trut liebes kint du *H.*　2059 Dan
würde *H*, hayen *D.*　2060 So müste man jn sere
clagen *H.*　2061 *über* trechtin † salvator *H.*　2062 L.
m. es sol sin *H.*　2063 in *H.*　2067 also *fehlt· H,
vgl.* 2846.　2068 D. engel s. *D*, Michahel *H, vgl.* 2847.
Nach 2068 der hůb jn behend auff von der erd *P, vgl.* 2848*f.*

er gap ime kreftigen mut:
2070 wie balde er dem heiden daz houbt ab sluc!
aller erste quam geriden dort har   2035
sechzehen *hundert* heiden an einer schar,
die sich da heden verborgen.
do quam der Grawe Roc in sorgen.
2075 daz ersach frouw Bride,
die schonste ob allen wiben.   2040
sie sprach: 'himelischer here,
behude mir den degen mere,
behude mir den ellenden man,
2080 ich wil ime mit druwen bi gestan.'
frouw Bride sich begurte,   2045
iren lip sie vor dem dode bewarte,
sie leite uber ire bein
vil manigen herten stahelzein,
2085 sie leite uber ir bruste
eine liehte brunige veste.   2050
die selbe brunige here
die hede vier guldine geren,
daz man da bi solte sehen,
2090 daz ez frouw Bride were.
frouw Bride sich begurte   2055
mit eime guden swerte,

2069 g. krafft dem tegen gut *H*, *vgl.* 2850.   2071 koment
H, *vgl.* 1566, 1869, ger. *fehlt H*, herr *D*.   2072 tausent
D, sechz. *fehlt*, Tusent *H*, *vgl.* 1893.   2073 s. h. do
zůmal v. *D*.   2074 mit s. *D*.   2075 sach *H*.
2076 sch. aller wibe *H*.   2078 so herre *D*, *vgl.* 1930.
2081 bewarte *H*.   2082 i. l. s. *fehlt*, tode harte *H*, ...
der seynen leib im streit vor dem tod behalten will *P*, *vgl.*
aber 2331, 3875.   2085 auch über *D*, *vgl.* 2334.
2086 harte br. *H*.   2088 die *fehlt H*.   2090 *wie
Berger*, wer fr. Br. *D H*, die künigin *D*, geschen *H*, *vgl.*
2339.   2091 b. sich *D H*, *vgl.* 1000, 1054, 1666 *u. ö.*
2092 sch. reich *D*, sch. rich *H*.

sie satte uf ir houbet
einen helm was schone gebou*g*et.
2095   do hiez sie balde entspringen,
ein gut ros dar bringen,   2060
dar uf lac ein sadel helfen beinin
frouw Bride spranc ane stegreif darin.
wie schiere die maget lobesam
2100   einen schilt zu den armen genam!
sie hiez ir dar langen   2065
eine gude stehelin stangen.
sie sprach: 'mir breche danne
dise stange vor minen handen,
2105   so muz ez nahen behende
manigem heiden *zu* si*me* ende.'   2070
die porte wart ir uf gedan,
frouw Bride wart alleine uz gelan.
die heiligen siben gabe unsers heren
2110   die wisten die maget here
hin uf den Iordan.   2075
die frouwe faht als ein man,
sie faht uz der mazen,

2093 Vnd s. *H*, s. im auff sein *D*.   2094 wol geloubet *H*, gepawte *D*, *vgl.* 1003.   2095 b. geschwinde *H*. 2096 dar *fehlt H*.   2097 helffenbein *D*.   2101 darnach auch *D*.   2102 steh. gůte *D*, nam ain starckes sper in jr handt (*vgl.* kune: ungefuge 986, 1064, 1078, 1688 *u. ö.*) / vnd gebaret geleich ainem manlichen kůnen hôlld. (*vgl.* in allen den geberden: were 73, 135, 441, 755, 768, 982, 3107) Vnd als sy nu auff jr pfård kam / nam sy das sper in jr handt / vnd sprach ausz grymen vnd zorn *P*.   2104 miner hande *H*, *vgl.* 2131.   2105—06 *eine Zeile*, behende, zu *fehlen*, sein e. *D*, So m. sy b. M. h. nahen sin e. *H*, sunst soll manigem Haiden der tode heüt nahen *P*, *vgl.* 2131. *Nach* 2106 Das volbring ich mit meiner hende *D*. 2107 Das thor *D*, ir *fehlt H*, w. jr die port *P*.   2108 all. *fehlt H*, allain hynausz g. *P*.   2112 iunckfraw *D*. 2113 usser d. *H*.

sie sluc eine wide strazen
2115 durch sechzehen *hundert* heidenischer man,
unz sie den Grawen Roc wart sihtic an. 2080
do sie in verrest ane sach,
gerne mugent ir horen, wie sie sprach:
'helt, bistu iergent wunt,
2120 oder bistu noch wol gesunt?'
do erkante er an der stimme, 2085
daz ez was frouw Bride, die kuniginne.
er sprach: 'frouw Bride, ich bin nit wunt,
ich bin noch rehte wol gesunt,
2125 mohte ich niwan ein ros gehaben,
daz mich mohte baz gedragen.' 2090
do sprach frouw Bride,
die schonste ob allen wiben:
'ich sehen dort einen Suriant riden
2130 uf eime hohen rabide,
mir *en*breche [dan] die stange vor minen handen, 2095
ez ist ime umb sin leben ergangen.'
frouw Bride sich ge*n*ante,
an den Suriant sie do rante,

2114 Vnd mach *H*, sy stach schlůg vnd hawet weytt
str. *P*.   2115 tausent *D*, tusent *H*, *vgl*. 1893.
2116 Bisz *D*.   2117 ver *H*.   2119 Tegen *H*, nindert
D, werder junger hŏlld . . . yendert *P*.   2120 wol
fehlt H.   2121 verstunt er wol an *H*.   2122 es fr.
Br. w. *H*.   2122—23 D. es w. fr. Br. ich b. noch n. w. *D*.
2124 So b. i. ouch nit ungesunt *H*.   2125 nun ain
ander r. *D*, numen ein . . . haben *H*.   2126 bas mecht *H*.
2127 die edel fr. *D*.   2128 sch. aller wibe *H*, diß
mals in manlichem schein *P*.   29 d. her *H*, dort *P*,
wigant *H*, sarracen *P*.   2130 einer *H*. raneyten *D*.
2131 mein st. *D*, v. der hant *H*, *vgl*. 2103*f*.   2131—32 mir
zerbrech dann das spere / er můsz von meinen henden
sterben *P*.   2132 So musz sterben der wigant *H*.
2133 gewante *D*, do wante *H*, *vgl*. 1066.   2134 d. heiden
H, d. sarracen *P*.

2135 sie gap ime einen slac uber sinen rucke,
daz ime sin schilt brach zu drin stucken, 2100
und daz der sur*j*antische man
des slages zu der erden quam.
do vinc die [schone] juncfrouwe
2140 daz ros bi dem zoume,
sie furte ez also gerihte, 2105
da sie den Grawen Roc wiste.
selber hup sie ime den stegreif,
unz er uf daz ros geschreit.
2145 do er uf daz ros quam,
der Grawe Roc lachen began. 2110
do sprach frouw Bride,
die schonste ob allen wiben:
'ach liebster here min,
2150 nu kere din siden an die min,
so enkan [ez] uns nummer missegan,' 2115
also sprach die maget lobesam.
waz sie der heiden mohten erlangen,
umb die was ez ergangen,
2155 daz die Sarrazene wanten,
der duvel were uz gelazen. 2120
do die heiden sahent daz,
daz ez umb sie ergangen was,
sie ergabent sich an den Grawen Roc zuhant.

2136 der sch. br. in st. *H*.   2135—38 vnd stach den
von dem pferd als ob er nye dar auff komen wår (*vgl.*
geberden: were *P. zu* 2102) *P*.   2137 surfisch *D*,
heidische *H*.   2141 es mit grossem lust *H*.   2144 Bisz
das er *D*, in den sattel *H*.   2145 gekam *D*.   2146 do
l. *H*.   2148 sch. aller wibe *H*.   2149 lieber *H*.
2150 die s. *D*, min s. an die din *H*, keere deinen
rugken her an meinen rugken *P*.   2151 mag *H*.
2152 also *fehlt H*.   2153 do m. *H*, mocht *D*, mochten *P*.
2155—56 *fehlen H*, D. d. s. verwassen Sy wonten d. t. w.
auszg. *D*, *vgl.* 2362*f*.   2157 ersohent *H*.   2159 (*Nach
Überschrift*) Die haidē gabēt *D*.

2160 do hiez sie doufen der wigant.
   Do die tempelheren sahen daz,   2125
   daz frouw Bride selbe in dem stride was,
   die heren sich genanten,
   uf den wal sie do ranten.
2165 do wolte frouw Bride ir dienstman
   selber angeriden han.   2130
   do sprach der Grawe Roc:
   'frouw, daz lazent durch got.
   ich furte von Triere
2170 zwene und sibenzic kiele,
   die sint mir alle versunken,   2135
   [und] in dem wilden mer erdrunken.
   werent mir bliben die selben man,
   sie weren mir [alle] mit druwen bi bestan.'
2175 do sprach [die edele] frouw Bride,
   die schonste ob allen wiben: 2140
   'sint ir der kunic Orendel,
   so hat uch got zu mir gesendet,
   so ist mir liep sicherlichen,
2180 daz ich uch mit druwen nit bin entwichen.'
   do die tempelheren sahent daz,   2145
   daz ez kunic Orendel was,
   do entphingent in die heren

2161 Als *D*, ersohen *H*, sahen *P*, *vgl.* 2181.   2162 selber
D, *fehlt H*, selbs *P*.   2163 Ee die *D*, Der her sus
genante *H*.   2164 An den grawen rock sy *D*, rytten
auff die walstat *P*, rante *H*.   2165 jren *H*.
2166 daran *D*.   2167 *fehlt H*.   2168 Frouw Brid
H, d. sollent ir lassen *D*, lasset disen streyt *P*, *vgl.* 1351,
1522, 1968.   2169 Tr. one spot *H*.   2171 alle *fehlt*
H, *vgl.* 497, 685, 898.   2172 uff d. w. woge *H*, in dem
mõr *P*, *vgl.* 498, 686, 899.   2173 Hettent mir auszgefolget
D, W. sy m. *H*, . . . belyben / . . . vñ mit mir herkömen *P*.
2174 Sy soltent m . . . stan *H*, wårn mir mit . . treüwen
beygestanden *P*.   2176 sch. aller wibe *H*.   2181 Also *H*.
2182 der k. *D*.

mit harte grozen eren.
2185 sie sazten in uf den stul,
sie mohten ez wol mit eren dun.   2150
aller erst quam meister Ise,
ein vischer here und wise,
er fragte sie der mere,
2190 ob sin kneht zum heiligen grabe were.
do in der Grawe Roc ane sach,   2155
daz wort er gutlichen sprach:
'sint gotwilkumen meister Ise,
ein vischer here und wise!
2195 ir sullent ez dun durch got den guden
und durch sine kunicliche muder   2160
und sullent mir luterliche vergeben,
daz ich so lange uz uwerm dienst bin gewesen.'
do sprach meister Ise,
2200 ein vischer here und wise: 2165
'daz wirt dalanc gedan,
stolzer degen lobesam.'
do sprach der Grawe Roc:
'ich sagen uch, here, daz weiz got,
2205 ir sullent gan uber den hof gedrade
fur frouwen Briden kemenade   2170
und heizent uch geben uwern kneht,

2185 uff einen *H.*   2186 Das m. sy *H.*   2187 do
kam *D.*   2189—94 *fehlen D.*   2191 kumen s. *H,*
von erst ansach *P.*   2192 Gütlich er zu jm sp. *H, vgl.*
Berger zu 135.   2196 d. Maria s. m. *H.*   2197 mier
es *H.*   2198 usser *H,* ausz *P.*   2199 sp. aber *D.*
2200 reich vnd *D, vgl.* 2189 = 2194, 2216, 2312 *gegen D*
nach 2206.   2201 Es w. tolig *H.*   2204 Herre i. s.
vch on allen spot *H.*   2205 drate *D.*   2206 Zů fr.
B. in ain schöne k. *D, vgl.* 3565. *Nach* 2206 Do sy in
von ferren an sach Das wort er gůtlichen sprach Seind
gotwilkummen meyster Eyse Ein fischer reich vnd weyse
Ir sollent es thůn durch got den gůten Vnd durch sein
künigkliche můter *D.*

der uch zu [uwerm] dienste ist gereht,
den sie uch als lange hat entwent
2210   und von uwerm dienste entspent.'
meister Ise ginc uber den hof gedrade   2175
fur frouwen Briden kemenade.
do sie in verren ane sach,
daz wort sie gutlichen sprach:
2215   'sint gotwilkomen, meister Ise,
ein vischer here und wise!   2180
waz suchent ir zu dem heiligen grabe?
daz sollent ir mir durch got sagen.'
des antwurte er ir mit eren,
2220   der stolze degen here:
[er sprach] 'frouwe, ich suchen minen kneht,   2185
der mir zu [mime] dienste ist gereht,
den ir mir so lange hant entwenet
und uz mime dienste entspenet.'
2225   do sprach die edele kunigin:
'helt, welhez mac uwer kneht gesin?'   2190
er sprach: 'ez ist der Grawe Roc,
daz sagen ich uch, daz weiz got.'
frouw Bride hiez balde entspringen,
2230   iren kamerer dar bringen,
einen schilt hiez sie dar strecken,   2195
mit rodem golde decken.
do sprach daz edel megedin:

2209 auch a. *D*, so *H*, het *D*, hatt *P*, entwert *H*.
2210 entwendt *D*, verspert *H*, entspent *P*.   2211 der
ging getr. *H*, drat *D*, *vgl.* 3564.   2212 Zů fr. B. in
ain schŏne k. *D*, *vgl.* 2206.   2213 von ferren *D*, ver
kumen *H*.   2214 Züchteklichen sy zu im sp. *H*.
2215 wilkom *H*.   2217 hie zu *H*.   2218 Durch G.
das s. jr m. s. *H*.   2219 Das *D*, Do *H*.   2220 Ein st. *H*.
2223 entwert *H*.   2224 usser . . . entspert *H*, gar e. *D*.
2226 Gutter h. welcher . . . sin *H*.   2228 üch on allen
spot *H*.   2229 die h. geschwinde *H*.   2232 Vnd den
m. *H*, M. dem *D*, bedecken *H*.

'helt, daz sal din eigen sin,
2235 da mide miedestu zwolf knehte,   2199
[der Grawe Roc] min here kumt dir zu dienste
                                    unrehte.   2201/2
und sich, als liep dir si din [lip und] sele,
verjehe sin zu [keinem] knehte nummer mere!'
do sprach der vischer stede,   2205
2240 daz er ez gerne dede.
do er die gabe zu ime genam,
er wart ein froudenricher man.
do ginc er also gerihte,
da er den Grawen Roc wiste.   2210
2245 do er in verrest ane sach,
gerne mugent ir horen, wie er sprach:
'hant ir urloup genomen zu der kunigin here,
sal ich mit uch faren uber den wilden sewe?'
'nein,' sprach meister Ise,   2215
2250 ein vischer here und wise:
'ir sullent bestan bi frouw Briden,
der schonsten ob allen wiben,
ir sollent wesen kunic und here
uber [daz] lant und burg zu Jerusaleme.'   2220

2235 dingestu *H*, myet ir *P*. *Nach* 2235 Die dir zů
dienst kumment recht *D*.   2236 *zwei Zeilen* D. gr. r.
m. h. vnd knecht K. d. zů d. gar vnr. *D*, Sin d. k. d. nit
recht *H*.   2236—38 Vnd sagt nymmermer / bey eüwerm
leben / das der graw Rock eüwer knecht sey / wañ er bey
namen zů eüwerm dienst nicht fůget *P*.   2237 Vnd
also *H*, vnd dein ere *D*, *vgl.* 1537, 1626.   2238 So beger
s. . . nit m. *H*, *vgl.* 1538, . . . das jr des zů kainem knecht
verjehent . . . das er deß grawen Rocks zů ainem knecht
geschweig . . . *P an Stelle von* 2189*f*.   2240 er das *H*,
recht g. *D*.   2242 Do was er *H*.   2243 er mit guttem
luste *H*.   2245 jn zu im kumen *H*.   2247 gen.
ee *H*.   2248 Oder musz ich . . . uber see *H*.
2251 s. bliben *H*, *vgl.* 2275.   2252 Die *D H*, schồnst *D*,
schonste *H*.   2254 Uber die b. *H*, zu *fehlt D*, *vgl.* 1806, 2278.

2255	als er die rede do vernam,
	er wart ein *froudenricher* man.
	do zoch er ab in druwen
	einen guden mantel nuwen,
	der was gekouft an den stunden 2225
2260	durer dan umb hundert punde.
	er bat in, daz er so wol dete
	und siner frouwen den mantel brehte
	fur ir aldez nidergewede
	und ouch fur al ir gutdede. 2230
2265	do [meist]er [Ise] die gabe zu ime genam,
	er wart ein froudenricher man,
	er nam urloup von dem kunige here
	und fur ane sinen kneht uber mere.
	do meister Ise in sin hus quam, 2235
2270	schone emphinc in sin frouwe wol gedan.
	sie sprach: 'sint [got]wilkumen, meister Ise,
	ein vischer here und wise.'
	do fragte sie in der mere,
	wa sin kneht bliben were. 2240
2275	er sprach: 'er wil bestan *bi* frouw Briden,
	der schons*ten* ob allen wiben,
	er wil ouch wesen kunic und here
	uber [daz] lant und burg zu Jerusaleme.
	er hat uch gesant in druwen 2245

2256 w. zu mol ein stolzer *H*, frölicher *D, vgl.* 737,
765, 2242, 3527.   2258 Einen m. vin n. *H.*   2259 zu
der stunt *H.*   2260 Wol für dry h. pfunt *H.*   2261 also *D.*
2263 nider wete *H.*   2264 ir alle *D*, Und jm also wol
tete *H*, vnd all ander gůtthåt / so sy jm gethon hett *P.*
2265 den mantel g. *H*, nam *D*, nam das gůt zů jm *P.*
2267 den künigin *D.*   2268f. über das wilde m. *H.*
2269 zu huse *H*, gekam *D*, für frölich haim in sein aygen
hausz *P.*   2270 fr. lobesam *H.*   2272 reich vnd *D*,
vgl. 2200. 2273—2312 *fehlen H. Nach* 2274 Er antwurdt / fraw
wir sein baide vnweisze *P* (. . meister Ise: unwise).
2275 bi *fehlt D.*   2276 Die schönst *D.*

2280 disen guden zobelmantel nuwen
fur uwer aldez nidergewede
und ouch fur uwer gutdede.'
der Grawe Roc, der helt gut,
von der zinnen er sich hup, 2250
2285 do ginc er also gerihte,
da er frouw Briden wiste.
do er sie von verren ane sach,
daz wort er gutlichen sprach:
'horent irz, frouw Bride, 2255
2290 die schonste ob allen wiben?
gip mir urloup, kunigin here,
ich muz mit mime meister uber mere:
ich bin eines vischers kneht,
ich sal ime dienen, daz ist min reht. 2260
2295 er vant mich in ruwen,
er half mir in guden druwen,
daz vergelde ime got der gude
und sin kunicliche muder!'
do sprach [die edel] frouw Bride: 2265
2300 'helt, die rede laz bliben!
und heiz dir balde entspringen,
meister Isen zu hove bringen.'
an eime samsdage er quam,
sinen grawen roc druc er an, 2270
2305 [und] ein ruder druc er in der hant,
meister Ise der wigant.
do was der selbe degen gemeit
zuschen sinen brawen zweier spannen breit.
do in der Grawe Roc ane sach, 2275
2310 gerne mugent ir horen, wie er sprach:
'sint gotwilkumen, meister Ise,
ein vischer here und wise!
ir sullent ufgeben ruder und garn,

2283 gr. h. vnd r. g. *D, vgl.* 1690, 1903, 2021.
2290 sch. vnd klûgest *D.*   2303 An dem andern Son-
tag *P.*   2313 heben *D*, legt von eüch *P.*

wan ir sullent nummer nach vischen varn, —

2315 und sullent herzoge werden zu dem heiligen grabe.' 2280
do sprach meister Ise:
'ich dunken uch nie so grise,
funf hundert die gedar ich bestan,'
also sprach meister Ise, der schifman.

2320 frouw Bride hiez balde entspringen, 2285
ein herzogen gewant bringen.
dar an was nie kein nat
sie *en*were von . . . .
man furte in also gerihte,

2325 da man daz heilige grap wiste. 2290
wie balde man ime daz swert umb bant!
da enwas niergent kein wigant,
er *en*gebe ime mit kreften einen slac.
er sprach: 'ich vergelden ez uch, ob ich mac.'

2330 meister Ise sinen lip begurte, 2295
vor dem dode er sich bewarte:
er leite uber sine bein
vil manigen herten stahelzein,
er leite uber sine bruste

2314 *fehlt D H,* wann jr sollet füran nymmer nach vischen
farn *P.*   2315 U. lont uns das heilig grap bewarn *H,*
sonder ain reicher Hertzog vn̄ an meinem hof sein *P,*
urspr. gewiß Reimpaar, aber unwiederherstellbar.   2317 So
bin ich nit so gr. *H,* ich bedunck eüch nye so alt *P.*
2318 h. truwe ich zu b. *H,* ich gethür allain *P.*   2320 Die
fr. h. b. und geringe *H.*   2321 Eines *H.*   2322 nie
fehlt H, n. fürwar *D.*   2323 wer *D,* was *H,* von gold
als ain spiegel klar *D,* von siden wisz und rot *H.*
24 a. klar g. *D,* in zu dem palast *H.*   2325 wast *H.*
2326 Do m. *H.*   2327 was *H,* nindert *D,* Nu was kain
P, urspr. nekein w.   2328 Der im m. kr. geb *D,*
Der im geb m. kr. *H,* er schlůg *P, vgl. Bergers Anm.*
2329 so ich *D,* Er vergült in jm ob er m. *H,* so ich schirst
m. *P.*   2330 Yse an der vart *H, vgl.* 2081*f.*   2332 s.
zway *D.*   2333 m. ring der licht schein *H, vgl.* 2084.

2335   eine liehte brunige veste.   2300
         die selbe brunige here
         hede dri guldine geren,
         daz man da bi solte sehen,
         daz meister Ise ein herzoge were
2340   und an den selben stunden   2305
         sin swert het umb gebunden.
         so sazte er uf sin houbet
         einen helm *was* schone gebou get.
         frouw Bride hiez balde entspringen,
2345   ein gut ros dar bringen.   2310
         meister Ise, der wigant,
         ane stegreif er in den sadel spranc.
         do sprach der Grawe Roc:
         'here, des sprunges walde got!
2350   nu schonet der cristen diet   2315
         und lant der heiden genesen niet.
         so wil ich, degen kune,
         selber uwer sper furen.'
         do quam geriden uf den hof,
2355   als uns daz buch saget noch,   2320
         herzogen und ouch graven;

2335 E. br. was liecht und v. *H, vgl.* 2086.   2336 selbig *H.*
2337 Die h. *D.*   2338 do solte s. herre *D.*   40 der-
selben *H.*   2341 vmbwunden *D.*   2342—43 *fehlen H.*
2343 was *fehlt,* gepawte *D, vgl.* 1003.   2344 Do h. er
D, Man h. im b. und geschwinde *H,* Die künigin hyesz *P.*
2345 Vnd im ain g. r. br. *D,* ain starckes pfård darbringen *P.*
2347 er *fehlt D,* den *fehlt H.*   2349 h. *fehlt,* sp. ver-
gelt vch G. *H.*   2350—65 *weicht P völlig ab*: *ernster*
Kampf statt Turnier, wie 2360 *ff.?* 2356—59 *sind auffallend*
schlechte Verse, aber das Echte ist unerreichbar.   2352 ich
euch *D.*   2351—53 Hertzog Eys vermasse sich das sper
seinem herrn selbs vor zu fůrn vnd der Hayden kainen
genesen zu lassen *P.*   2355 Also das *H.*   2356 Hertzog
D, H. gr. pfaffen leien *H.*

dar quamen ir vil zware
ritter und ouch geburen.
do brahte er sinen turnei mangem zu sure.

2360 waz er der heiden mohte erlangen, 2325
umb die was ez ergangen,
daz die Sarrasinen wanten,
der duvel were uz der helle gelazen
zu den selben ziden

2365 und musten mit ime striden. 2330
frouw Bride hiez uf den hof dragen
manigen peller durchslagen,
bede brun und ouch bla:
die gap man hubschen luden da.

2370 frouw Bride hiez kunden in die lant, 2335
daz meister Ise were ein herzoge erkant
und an den selben stunden
[zu Jerusaleme] sin swert het umb gebunden.
meister Ise gebot eine herfart,

2375 die mangem man zu sure wart, 2340
holz unde heide
siben lange dageweide,
die riden sie alle in zwein dagen,
als wir daz buch horen sagen.

2380 sie leitent sich zware 2345

2357 Sy wolten alle an den reien *H.*   2359 Er br.
s. *H,* turnier *D,* seren *H.*   2361 es alle *D, vgl.*
2154.   2362 daz *fehlt H.*   2363 Die tüfel wern *H.*
2364—65 *fehlen D.*   2365 jnen *H.*   2367 Vil m. *D.*
2368 *fehlt H.*   2369 m. den hern zu hant *H,* all den
spilleütten vn̄ farender dyet *P.*   2370 durch die *H,*
(*abweichend*) in allen landen *P.*   2371—72 Das m. I.
an den st. *H,* Wie jr baider vatter zů Jerusalem offen-
barlich Hertzog vn̄ Ritter worden wåre *P* (*vgl.* 2970—75).
2373 zu J. *fehlt H,* vmbwunden *D.*   2375 *fehlt H.*
2376 vnd auch die hayden *D,* Uber h. u. uber h. *H, vgl.*
2438, 3719.   2377 langer *H, vgl.* 2439, 3720.   2378 Do *D.*
2379 disz *H.*   2380 auch zw. *D* alle zu mal *H.*

fur die [guden] burg zu Westvale.
da lagent sie mit alle
dru jar also lange,
daz sie mit allen iren sinnen
2385   die burg nit mohten gewinnen.   <small>2350</small>
daz geschach an eime morgen fru,
die heren gingen mit sturme zu,
der Grawe Roc der muren nahe ginc,
daz man in mit krapen vinc.
2390   sie zucten in [ouch] zware   <small>2355</small>
uber die burgmure zu Westfale.
man leite den degen here
in einen diefen kerkere.
nu ist der Grawe Roc gefangen
2395   und enmac nit kumen von dannen: <small>2360</small>
nu radent mit allen uwern sinnen,
wie wir in dannen bringen.
do meister Ise daz ersach,
daz sin here gefangen was,
2400   er sprach: 'nu siht man mich   <small>2365</small>
nummer [mer anders] wan drurig.'
meister Ise liez nit bliben,

2381 Westemale *D*, Westual *P*.   2382 l. auch m. *D*,
legent sy als lang alle *H*.   2383 recht a. *D*, j. mit grossem
schalle *H*, *vgl*. 365.   2385 b. zû Westemale n. kunden
D, mochten *P*.   2386 Es *H*.   2387 m. eim st. hinzu
H, darzû *D*, giengen sy aber zû st. *P*, *vgl*. 2539.
2388 zû nahet *D*, g. d. m. nahe *H*, der maur gar nahend *P*.
2389 jn begund vahen *H*, ergriffen sy jn mit eysznen
krappen *P*.   2390 zugen *D*, zugent in durch ein hol *H*,
zuckten sy jn *P*.   2391 b. in zu W. *H*, Westmale *D*.
2392 Do l. m. *H*.   2395 mag *H*.   2396 m. welchen
s. *D*.   2397 Das mir in von d. *D*, danan gewinnen *H*.
2398 ers. das *D*, I. sins hern vermasz *H*.   2399 Und
horte das er g. *H*. 2400*f. fehlen H*.   2401 dann tr.
vnd siech *D*.   2402 es n. *H*.

er hiez brieve schriben,
er sante sie vil schiere
2405 frouw Briden gein Jerusaleme. 2370
da mide kunte *er* ir die mere,
daz der Grawe Roc gefangen were.
do sie die brieve ane sach,
sie begu*nde* [heize] weinen unde sprach:
2410 'ach du himelischer here, 2375
behude mir den degen mere,
behude mir den ellenden man, —
der mir mit druwen sal bi gestan. 2377
oder ich wil dinen alder zudrechen, 2379
2415 din heildum wil ich brechen.
heiligez grap unsers heren,
ich en*wil* dir *dienen* nummer mere,
wa ich ez kan gewenden,
ich enlazen dir kein opper [mere] senden. —
2420 daz erhorte ein heiden hiez Durian,
der hede sich lazen doufen 2385

2403 Vil bald h. er *D, vgl.* 2581. 2404 wunderlichen
sch. *D,* sch. heim *H.* 2405 J. mit grosser gier *D.*
2406 k. man *D,* Do sy nu vernam d. *H,* und verkündet
jr *P.* 2407 Wie *D.* 2408—09 *fehlen H.* 2409 began
D, sonst nur im Reim. 2410 Sy sprach ach *H.*
2411 d. herre *D.* 2412 *fehlt D H, vgl.* 1931, 2079.
2413 m. tr. *fehlt H,* bestan *D, vgl.* 1932, 2080. *Nach*
2413 Also er auch dick hat gethan *D,* Oder ich wil dinen
tempel lan *H.* 2414 Und wil *H,* endecken *D,* prechen
vnd zerstören *P.* 2415 zerbrechen *H.* 2417 enlasz
d. kain opffer n. *D,* Kein opffer lasz ich d. werden mer *H.*
2418—19 *fehlen H.* 2419 So lasz ich *D,* aber 2417 *u.*
19 *begannen gewiß gleich.* 2417—19 so wille ich dir
nymͤermer dienen / noch dyenen lassen ... auch alle die
wenden / die dir dienen vnd opffer bringen *P.* 2420 Hertzog
P, Dercian *H,* Turian *P, vgl.* 3828 *f.* 2421 touffen lan *H.*
2421—22 *eine Zeile* Er liesz sich tauffen vͤn w. *D,* der was
ain Haiden gewesen der hett sich lassen tauffen vnd was

und was dem heiligen grabe underdan.
er sprach: 'edele kunigin here,
nit enzurne mit unserm heren!
2425 wan min here ist niergent gefangen
in zwein und sibenzic landen, 2390
und wil ez got unser here,
er kumt uns gesunt wider schiere.'
frouw Bride sich besande
2430 vil wide in irem lande,
unz daz sie fur sich gewan 2395
manic stolzen degen lobesam,
drizic dusent schoner man
mit den schiet die maget von dan.
2435 ... *Durian der wigant* —
nam die baner in die hant,
daz her geleite er ... 2400
[durch] holz unde [uber] heide
siben lange dageweide,
2440 als wir daz [dutsche] buch horen sagen,
die rident sie in zwein dagen.

---

ain ... christ *P*, *vgl.* 2927*ff.*; *entweder* 2421, 2928 *Zusatz*
oder d. e. ein herzoge (*od.* helt) h. D. der was gewesen ein
heiden. m. er h. s. l. d.: glouben *?*
   2422 *fehlt H.*   2424 zurnent m. dem grab unsers h. *H.*
2425 niendert *D.*   2426 zwey *D.*   2428 So k. er
vns w. gen Jerusalem *D*, w. *fehlt H*, wol gesundt her-
wider *P*; enkume *?*   2429 die b. *H.*   2430 vil *fehlt H.*
2431 Bisz *D.*   2432 mangen *H.*   2433—34 *vgl.* 2715*ff.*,
3814, *P zu* 3213.   2434 dem *D*, d. frouw *H.*   2435 *vgl.*
2718.   2436 Der hayden n. *D*, Der heiden n. *H*, das
baner *D*, die Panir *P.*   2437 Von dannen g. e. d. h.
der weygant *D*, Danan g. e. d. h. der wigant *H*, vn̄ layt
die frawen mitsampt den herren *P*; *vgl.* 2665, 2716*f. u.*
2720*f.*; 2433*f. u.* 2716*f. in* *U *vermutlich am Rand als*
Zusatz.   2438 Uber holtz *H*, *vgl.* 2376, 3719.   2439 tag
rayse *D*, tagraisz *P*, *vgl.* 2377, 3397, 3720.   2440 Also
D H, disz b. *H.*   2441 Do r. sy auch *D.*

sie leiten sich [ouch] zware
fur die burg zu Westfale.
da lagent sie, daz ist war,
2445 zwene dage und ein halbez jar,
daz sie mit allen iren sinnen
die burg nit mohten gewinnen.
an eime morgen daz beschach,
daz frouw Bride entslafen was.
2450 do quam ein twerg wunnesam,
der was geheizen Alban,
er sprach: 'slafent ir, frouw Bride,
die schonste ob allen wiben?
nu stant uf, edele kunigin rich,
2455 ich wisen uch zware, daz weiz ich,
da din here nehtin gesunt was,
wan . . . . . .
do frouw Bride daz vernam,
uf stunt die maget lobesam,
2460 sie ginc mit ime gedrade
in eine schone kemenade.
do sie in die kemenaden drat,
nu horent, wie der twerg sprach:
'sint gotwilkomen, frouw Bride,
2465 die schonste ob allen wiben,

2442 Und l. s. o. alle zu mal H. 2443 gûten
b. westemale D, Westual P. 2444 sy zware D.
2444—45 sy zwen tag und ein halb jor Vor der burg das
ist wor H. 2446 m. iren gûten s. D, iren fehlt H.
2447 kunden D. 2448 geschahe das D. 2450 getwerch H.
2451 Das D H, vgl. 2452, 2506. 2452 Das sp. H.
2453 sch. aller wibe H. 2455 fürwar D. 2456 recht
ges. D. 2457 Wenn ich sage dir für ain warhayt das
D, Und ich mit jm tranck und asz H. 2460 im über
den hoff g. D. 2462 zu der kamern in getratt H.
2463 das zwerg D, der fehlt, getwerch H. 2464 got fehlt H.
2465 sch. aller wibe H.

nu sullent ir mich *minnen,*
e daz ir kument von hinnen.'　　　　　　2430
do sprach frouw Bride:
'die rede laz beliben!
2470　du salt mir lazen minen magedum
und minen werltlichen rum,
des sal got furbaz walden.　　　　　　2435
und hede ich den behalden
eime also wenigen man,
2475　des muste ich ummer schande han.'
sie ergreif in bit dem hare,
sie drat in under die fuze zware.　　　　2440
lude rief der twerg Alban:
'laz mich genesen, maget lobesam,
2480　laz mich genesen, kunigin here,
ich wil dir zeigen dinen heren.'
do sprach frouw Bride,　　　　　　　2445
die schonste ob allen wiben:
'daz mustu dun zware,
2485　e daz ich dich lazen [bi dem hare].'
er wiste die maget here
durch zwene hole berge　　　　　　　2450
in einen kerker, der was dief,
der twerg zunte ein kerzenlieht.

2466 mich bülschafft mit euch lassen gewinnen *D,*
Ich musz fruntschafft mit vch beginen *H,* jr müszt ee
meins willens sein / vn̄ dem verhengen wie ich wil *P;* minnen
Vogt ZfdPh. 22 S. 489. 　　　2467 Ee ir ymmer *D.*
2469 Heldt die *D,* red soltu lossen b. *H.* 　　　2476 bey
dem *D,* mit dem *H,* bey *P.* 　　　2478 rufft das *H,* das
gezwerg *D.* 　　2479—80 L. m. g. künig h. *D.* 　　2480 h. *fehlt H.*
2481 I. w. din eigen diener sin *H.* 　　　2483 sch. aller
wibe *H.* 　　　2485 daz *fehlt D.* 　　　2486 m. verre *H, vgl.*
2528, fürt das tzwerglin die frawen aber tieffer vnder
die erd *P.* 　　　2489 Das getwerck mit einem k. *H,* do
zundt *P.*

2490	do sie den Grawen Roc ane sach,
	von frouden ir nie so liep geschach:
	sie halste in unde kuste
	und dructe in an ir bruste,
	er hiez daz edel megedin
2495	schone gotwilkumen sin.
	er fragte sie der mere,
	wie sie dar kumen were.
	des antwurte ime frouw Bride:
	'here, wizzent ane zwivel,
2500	ich bringen dir drizic dusent man*ne*
	mit dem *liehten* stahel umbfangen.'
	die wile was nit zu lanc,
	d*er* twerg fur die porten spranc,
	nach ime sluc e*r* zu die dur,
2505	dri rigel sloz e*r* dar fur.
	er sprach: 'wie nu, frouw Bride,
	die schonste ob allen wiben?
	nu muzent ir gar dure koufen,
	daz ir mich so sere hant geroufet.'
2510	nu ist frouw Bride bit ime gefangen,
	und mugent nit kumen von dannen:
	nu radent uns an disem ringe,
	wie wir sie von dannen bringen.

Marginal line numbers: 2455, 2460, 2463, 2465, 2470, 2475

2491 Gern mügt ir hören wie sy sprach *D.*   2492 Sy h. vnd k. in freündtlich *D*, Ir was not wie sy in gehelste und k. *H.*   2493 Er tr. sy an sin br. *H*, prust lieblich *D.* 2494 Vnd h. *D.*   2498 Das *H.*   2499 Sy sprach h. *D*, Das wissest her *H.*   2500 *vgl.* 3111*f. Nach* 2500 Die ligent alle uff einem plan *H.*   2501 Mit st. ich sy vmbf. han *D*, *vgl.* 3112.   2502 was wir n. *D*, nit langen *H.* 2503 *fehlt H*, Das *D.*   2504 Das getwerck schlug zu *H*, es zů *D.*   2505 Drig nagel schlug *H*, schlosz rigel *P*, es *D H.*   2506 Es *D.*   2507 sch. aller wibe *H.* 2508 gar *fehlt D.*   2509 gerouffen *H.*   2510 bey *D*, mit *H.*   2512 rat *D*, r. vor allen dingen *H*, *vgl.* 379*f.*

Der twerg wolte dannen ·gan,
2515 do begeinte ime ein engel lobesam,
 er druc eine geisel mit drin strangen, 2480
 da mide wart er ubel emphangen:
 uber sinen rucke geschertet,
 er gewan ein ubel geverte.
2520 der engel hiez in wider draben,
 mit der geiseln begunde er in slagen, 2485
 der twerg muste dun durch not,
 daz ime der engel do gebot.
 wie balde er den kerker uf sloz!
2525 des er sider dicke genoz:
 der Grawe Roc vergap ime sine schulde, 2490
 er liez in kumen zu hulde:
 er wiste in und die maget here
 wider durch die holen berge,
2530 da er meister Isen vant.
 er was ein kuner wigant. 2495
 nu muze uns nummer leider geschehen,
 des begunde er do jehen,
 danne meister Isen geschach, —
2535 do er sie bede ane sach.
 des helfe uns der himelische degen,

2514 Das gezwerg *D*, Das getwerch *H*, von dannen *D*.
2515 engel schon *H*. 2516 dr. schlangen *H*, strangen *P*.
2517 es *D H*. 2518 gescherte *D*, gegeiselt hertte *H*.
2519 Es *H*. 2520 es *D H*, w. umb tr. *H*. 2521 es *D*,
g. wart es geschlagen *H*. 2522 Das gezwerg *D*, Das
getwerck *H*, die not *D*. 2524 es *D H*. 2525 Das
D, es *D H*, seyd vil wol g. *D*, sit her *H*. 2527 es *D H*.
2528 Es w. den grawen rock vnd *D*, Do w. den Growen
Rock das getwerck *H*, den künig vnd die frawen *P*, *vgl.*
2486, *zur Überfüllung des Verses vgl.* 1437. 2529 Vnd
die magt wider d. den h. berck *H*. 2532 m. euch n. layd
D, got . . . lasz vnnß souil lieb . . *P*. 2533 *fehlt H*,
Das *D*. 2535 kumen sach *H*, ledig vnd gesund sahe *P*.
2536 Das *H*.

der muze unser aller plegen. 2500
an dem sehsten morgen fru
die heren gingent [der burg] mit sturme zu:
2540 die burg wart gewunnen
und drizehen [heidenischer] kunige dar inne.
der Grawe Roc, der wigant, 2505
die drizehen kunige betwanc,
daz sie sich an in ergabent,
2545 dienstes sie sich ime verplagen:
sie swurent ime druwe und eide,
sie liezent sie alle reine. 2510
mit den drizehen kunigen
betwanc er Montelie,
2550 dar innen waren gesezzen
siben [heidenische] kunige wol vermezzen.
der Grawe Roc, der wigant, 2515
die siben [heidenischen] kunige betwanc,
d*a*z sie sich an in ergaben,
2555 dienstes sie *sich ver*plagen:
sie swuren ime druwe und eide,

2537 Vnd wôlle vnser *D.*   2539 d. b. *fehlt,* hinzu *H,*
stürmen *D,* der burg mitt sturm zů *P, vgl.* 2387.
2540—41 allererst erhůb sich angst vñ not Wañ wôlcher
Haid sich nicht wolt lassen tauffen der můst sterben.
Vnd also bezwungen die zwen mann der graw Rock vnd
Hertzog Eysz / alle die Hayden so auff der burg warn /
Darunder warn dreytzehen Künig *P, vgl.* 3766—69, 2550*f.* ~
2560*f.*   2542 d. schône w. *D.*   2543 Der ward erlôst
do zů handt *D,* Det in allen do bekant *H, vgl.* 2553, 2563.
2544 sich im *H.*   2545 *D.* des sy nye gepflagen *D,*
vgl. 2565.   2546 Schurent *H,* im theüre ayde *D, vgl.*
1975, 2556, 2566.   2547 Die l. *D, vgl.* 2557, *Vogt*
ZfdPh. 22 S. 490 unmeine ?   2548—57 *fehlen H.*
2548 künige *D.*   2549 Die bezw. *D,* Ermuntell *P,*
vgl. Genpar 3101.   2551 Siben haidnisch Künig *P.*
2553 haydenisch *D.*   2554 Do sy *D, vgl.* 2544.
2555 sy rein pflagent *D, vgl.* 2545, 2565.

sie liezen sie alle reine.　　　　　　　　　₂₅₂₀
mit den zwenzic kunigen
furent sie uf die wusten Babilonie,
2560　darinnen warent gesezzen
zwene und sibenzic kunige wol vermezzen.
der Grawe Roc, der wigant,　　　　　　₂₅₂₅
die zwene und sibenzic kunige betwanc,
daz sie sich an in ergabent,
2565　dienstes sie sich verplagent:
sie swurent ime druwe und eide,
sie liezen sie alle meine.　　　　　　　₂₅₃₀
als nu der degen lobesam
betwanc die heidenischen man,
2570　do kerte er wol mit eren
in die burg zu Jerusaleme.
do wanten frouwen unde man,　　　　₂₅₃₅
daz sie ruwe solten han:
do widersageten ime *ab der wusten* Babilonie
2575　zwene heidenische kunige.
der ein was genant Elin,
des sullent ir sicher sin,　　　　　　　₂₅₄₀
der ander *sin bruder* Durian,
als wir ez an dem buche han.
2580　kunic Elin liez nit bliben,

2557 auch a. *D, vgl.* 2547, *Vogt. a. a. O.* unmeine?
2558 kunigin *H.*　　　2561 auch etwouil *P.*　　　2564 Do
sy *D.*　　　2565 sy rein pflagent *D, vgl.* 2545.　　　2567 Vnd
wurdent doch alle *D H,* meynayde *D,* meineide *H, Vogt
ZfdPh. 22 S. 490, vgl.* 1975f.　　　2568 nu *fehlt D,* Nvn
als *P.*　　　2571 Wider in *D,* wider haim *P.*　　　2572 frouw *H.*
2573 sy treü *D,* rûweten *P.*　　　2574 im die Babilonier *D,*
verseite jm der Babilon *H,* do widerbot man jn ausz der
wûsten Babilonia *P, vgl.* 2604, *urspr. vielleicht* do w.
ime zwene kunige ab d. w. B.　　　2575 künig lobesam *H.*
2576—77 *fehlen H.*　　　2578 a. was künig *D. D,* a.
was genant Surian *H,* des brûder was herr Turiant *P,*
vgl. 925.　　　2580 Eleme l. es n. do by bl. *H.*

er hiez brieve schriben,
do besante er den herzogen Danielen, 2545
einen ritter biderbe und here,
er bat in, daz er so wol dete
2585 und dem Grawen Rocke die brieve brehte.
der herzoge was biderbe,
er sazte sich nit da widere, 2550
er nam die brieve in die hant,
von dannen kerte der wigant.
2590 er gahete vil schiere
gein der burg zu Jerusaleme.
do er under die porte quam, 2555
furbaz ginc der heidenische man
uber den hof [so] gedrade
2595 in eine schone kemenade,
da er den Grawen Roc vant,
er was ein kuner wigant. 2560
do er in verrest ane sach,
gerne mugent ir horen, wie er sprach:
2600 'got gruze uch, her Grawer Roc!
ich kan uch nit anders nennen, weiz got;
ob ich uch erkante, 2565
wie gerne ich uch anders nante!
uch enbiedent ab der wusten Babilonie

2581 Brieff h. er *D*, *vgl*. 2403.   2582 Vnd b. ouch *H*,
d. h. ferr : herr *D*, d. hertzouwen der : her *H*.
2583 Danniel ein *D*, Daniel ein *H*, und *fehlt H*.
2585 den brieff *H*.   2588 den brieff in sine *H*.
2590 sch. und geschwind *H*.   2591 Zů d. b. J. *D*,
Gan J. zu d. b. hin *H*, hyn gen J. *P*.   2592 für die *H*,
als er dohin kame / růfft er vor der Porten *P*, *vgl*. 2666.
2593 der tegen lobesam *H*.   2597 Der w. *D*.   2598 in
von f. *D*, in har komen *H*, von Erst *P*.   2599 Nun m.
jr gern h. *H*.   2601 wisz G. *H*.   2602 Das ich *H*,
vgl. 858.   2604 sagt ab der wůst Babilonier *D*, enbüttet
die Babilon man *H*, enbeüt *P*.

2605	zwene heidenische kunige,
	ob ir uf diser erden
	ir dienstman wollent werden,
	sie wollent uch machen underdan
	daz lant von Ackers biz uf den Jordan.
2610	wollent ir in des dienstes abe gan,
	so sagen ich uch, here, daz vor war:
	so wollent sie mit uwerm libe
	fehten zwene herte folcwige.'
	do sprach der Grawe Roc:
2615	'daz sagen ich uch, daz weiz got,
	wollent sie mir machen underdan
	daz lant von Ackers biz uf den Jordan,
	und wollent sich ouch lazen doufen
	und an den waren Krist gelouben,
2620	so wil ich uf diser erden
	gerne ir beder dienstman werden.
	wollent sie mir de*r doufe* abe gan,
	so sagen ich uch here daz vor war,
	so wil ich mit irem libe
2625	vehten zwene herte folcwige.'
	do sprach der bode wunnesam:
	'daz dunket mich nit wis gedan,
	daz ir daz enbiedent widere

Right margin line numbers: 2570, 2575, 2580, 2585, 2590

2605 Vnd zw. *D*, Zw. k. und jre man *H*.   2607 Ire
H, wolten *D*.   2608 wolten *D*, wȯllen *P*.   2609 Nackers
D H.   2610—17 *fehlen H*.   2610 Darumb w. *D*.
2611 Das sollent ir sy wissen lan *D*, *vgl.* 2623, 2805.
2613 foltweyge *D*.   2615 ich lob gott *P*.   2616 w. ir *D*.
2617 Nackers *D*.   2619 an Christum *H*, zů dem waren
cristglauben lauffen *D*.   2621 Vil g. . . . diener *D*.
2622 des dienstes ab *D H*, *vgl. Bergers Anm. u.* 2804.
2623 h. an wan *H*, *vgl.* 2805.   2624 jrer hiútte *H*.
2625 woltweyge *D*, stritte *H*.   2627 Herre das . . .
weyszlich *D*, nit missetan *H*, mislich vnd nicht recht *P*,
Vogt ZfdPh. 22 S. 490.

zwein also richen kunigen,
2630　die wol in ander halben dagen
drizic dusent manne mugen haben.
wan ir sint eines vischers schalg:　　　2595
wie groz joch ist uwer gewalt,
ir dragent einen roc an geren,
2635　ir sint entrunnen uwerm [rehten] heren.'
do sprach der Grawe Roc:
'daz bin ich, here, daz weiz got.　　　2600
ich bin eines vischers kneht,
ich sal ime dienen, daz ist min reht.
2640　er vant mich in ruwen,
do half er mir in druwen.
daz vergelde ime got der gude　　　2605
und Maria, sin liebe muder.
nu dredent selber her naher:
2645　ir sullent die brieve [selber] von mir emphahen.'
der herzoge was biderbe,
er sazte sich nit da widere.　　　2610
der Grawe Roc, der wigant,
die fust er zu samen twanc,
2650　er gap ime einen slac,

2629 k. herre *D*, k. darnider *H*.　　　2631 man *H*,
mugen *fehlt D*.　　　32 Darzů s. ir ... salg *D*, v. gestalt *H*,
ains vischers knecht / vnd ain rechter schalck *P*.　　　2633 Vil
gr. in eürem g. *D*.　　　2634 *wie Berger*, an ainen r. geren
D, an üwerm r. geren *H*, on nåt vnd on geern *P*.
2635 r. *fehlt H*, rechten herrn *P*.　　　2636 *fehlt H*.
2637 Des en bin *H*, das bin ich *P*, wisz *G. H*.
Nach 2637 Ir tribent mit mier üwrn spot *H*.　　　2638 was
hie vor *H*, byn *P*.　　　2639 Dem diente ich wol das
ducht mich r. *H*, ich dien jm .. von recht *P*.　　　2640 Der *H*.
2641 Er h. m. mit seinen tr. *D*, do h. er ... mitt tr. *P*,
vgl. 2296.　　　2646 der was *D*.　　　2647 *wie Berger, fehlt H*, Er
sprang auff vnd wolt in schlahen widere *D, vgl.* 1329, 2587,
2697, 2959.　　　2649 Sin f. er hart z. *H*.　　　2650 im an der
stunde *D*, dem hertzouwen *H*, jm aiñ so starcken *P*.

daz er vor ime *gestracter* lac.
der herzoge was biderbe,   2615
er [spranc uf und] wolte in slahen widere.
der Grawe Roc, der wigant,
2655 *die fust er zu samen twanc,*
er gap ime aber einen slac,
daz er vor ime gestracter lac.   2620
er sprach: 'daz sint die brieve bede,
die bringe dinen heren
2660 und heiz sie die buchstaben
mit ir swert*slegen* klagen.
also der bode wunnesam   2625
daz bodenbrot zu ime genam,
do kerte er wol mit eren
2665 von der [guden] burg zu Jerusaleme.
do er under die porte quam,
umb kerte sich der heidenische man,   2630
er sprach: 'got gebe dem wege leit,
den ich nach solhen brieven ie [so ver] gereit,

2651 auff der erden l. *D*, uff der erden gelac *H*, zů
der erden viel / vnd gestrackter vor jm lag *P*, *vgl.* 2050,
2705.   2652—57 *fehlen D H, von Berger nach P ergänzt.*
2652 *vgl.* 2646.   2653—57 sprang bald wider auff / vnd
wolt den künig hynwider schlahen / do gab jm der herr
aber ain̄ backenschlag an den andern backen / das er
aber ernyder uiel / als vor *P*.   2658 disz *H*, br. alle *D*.
Nach 2658 Vnd sich das dir die bůchstaben wol gefallen *D*.
2659 Vnd br. sy deinem *D*, soltu bringen *H*, die bringe
deinen h. *P*.   2660 Was in die *D*, b. leren *D H*.
2660—61 haisz . . . die bůchstaben klagen / mit schwert-
schlegn̄ hie auf dem Jordan *P*.   2661 Das sollent sy
mit iren schwerten kl. *D*, Das sullent sy mit jren schwerten
weren *H*. *Nach* 2661 Zů welcher stund oder in dem tage
D; in *A vielleicht hie uf dem Jordan also sprach der
kunic lobesam *od. ähnl.*   2662 A. nun *H*, Vnnd als
P, schone vnd w. *D*.   2665 zu *fehlt H*.   2669 Das
ich . . . so ver je *H*.

2670   die ich hude han emphangen
        von eime biderben [heren und] manne.'
        do gahete der bode wunnesam   2635
        uber des wilden meres tran,
        er quam wider . . . in die stat,
2675   fur war ich uch daz sagen mac,
        do in der kunic Elin kumen sach,
        daz wort er gutlichen sprach: 2640
        'nu sage mir, bode wunnesam,
        wie ist der Grawe Roc gedan ?'
2680   er sprach: '[d]er [Grawe Roc] ist zu den schuldern
                                      dicke
        und siht die wolflichsten blicke,
        er ist ein uzerwelter man,   2645
        drizic dusent heiden dar er [wol] bestan.
        here, daz nu got wolte,
2685   daz ich die brieve antwurten solte
        selber hie mit miner hant,
        de*n* sie d*a* sint gesant.'   2650
        do sprach der kunic Elin:
        'helt, des saltu sicher sin,

2671 biderbe *D*.   2674 w. zů aller zeyt *D*, w. zu
Alzit *H*, *kein Name P*.   2675 wil vnd m. *D*, *vgl.* 1735.
Nach 2675 do fand er die .lxxij. künig beyainander in dem
rat / Vnd ee er gar zů jn kam / kamen dem künig Elein
die måre / Daniel wåre kommen (mere: were *vgl.* 1793) /
Der künig schicket bald zů jm / das er gen hoff kåme /
vnnd jm die botschafft sagte *P*.   2676 E. *fehlt H*, an
s. *D*, Als er für jn kame *P*.   2677 Gütlich er zu jm
sp. *H*.   2679 ist der graw Rock wild oder zåme *P*.
2680—83 *nach* 2710 *D H*, *Umstellung von Berger*.
2681 tut die *H*, s. auch d. wolflichen *D*, *vgl.* 1150.
2682 ain vil *D*.   2683 Zwolff *H*, dreyssig *P*, torst *H*,
thar *P*.   2684 Er sprach h. *D H*, ob es nun *D*.
2685 den brieff *H*.   2686 seiner *D*.   2687 Dem *D H*,
den / den *P*, do *D H*, wurdent *D*, seind *P*.   2688 Elemy
H.   2689 das *D*.

2690   ez ist reht ... hundert jaren,
        wa herzogen und graven bi einander waren,
        und wart eime ein brief gesant,   ₂₆₅₅
        man liez [den boden] ime den [brief] geben in
                    die hant.'
        er sprach: 'here, so dredent naher,   ₂₆₅₈
2695   ir sullent die brieve von mir entphahen.'
        der kunic Elin was biderbe,   ₂₆₆₀
        er sazte sich nit da widere,
        er drat balde hin naher
        und wolte die brieve entphahen.
2700   Daniel, der [schone] wigant,
        sine fust er zu samen twanc,   ₂₆₆₅
        er gap dem kunige [Elin] einen slac,
        daz er vor ime gestracter lac ...
        er gap dem kunige [Durian] einen slac,

2690 vor *D*, als vor *H*, vor h. j. ... gewesen ist P,
schon in *A entstellt.   2691 hern und *H*, Ritter vnd
knecht *P*, *urspr.* wa heren bi e. w.?   2692 im *D*, wirt
dem allerminsten ausz den allen ain brieff gesant *P*.
2693 M. l. ainen b. reiten wo in der fandt Vnd im d.
br. geb in d. h. Der im denn was gesandt ausz frembde
landt *D*, M. l. d. b. wo in der vant Vnd jm geb den br.
in d. h. *H*, er wirt jm in sein hand geben *P*, *viele Verse
sind erst durch Verdeutlichung überfüllt, die Morolfstrophe
hat Berger hergestellt.*   2694 so nahe *H*.   2695 br.
empfahen vnd die mer *D*.   2696 E. *fehlt H*.   2698 Vnd
tr. *H*, vil pald *D*, nahen *H*, *vgl*. 2694.   2699 Er w. *D*.
2701 f. hart *H*.   2702—03 *fehlen D H*, *aus P ergänzt von
Berger*: vnd gab dem künig Eleyn aiñ so vngefügen Backen-
schlag / das er zů der erden viel / vnd nicht weßt ob es
tag oder nacht was. Disz ersach künig Turiant / der des
künig Eleyns brůder was / der schůff bald Danielen zů
fahen. Daniel erweret sich jr aller manlich (biderbe : wi-
dere?) / gab den andern brieff auch von jm *P*.
2702 *vgl*. 2704.   2703 *vgl*. 2651, 2657, 2705.
2704 Duician *D*, Dencian *H*.

2705	daz er ouch vor ime gestrac*er* lac.	
	er sprach: 'nu schouwent, liebe*n* here*n*,	2670
	daz sint die brieve bede.	
	und were ich lenger da beliben,	
	unz mir der dritte were geschriben,	
2710	so het ich uch, liebe*n* here*n*,	
	keine botschaft geworben nummer mere.'	2675
	der kunic Elin sich besande	
	vil wide in sime lande,	
	unz daz er zu ime gewan	
2715	zwenzic dusent heidenischer man,	
	do schieden sie von dannen	—
	mit manic klugen mannen.	—
	herzoge Daniel, der wigant,	2680
	der nam die baner in die hant.	
2720	daz here furte er vil schiere	
	da hin gein Jerusaleme.	
	do rief der kunic Elin	
	zu der burgporten in:	2685
	[er sprach] 'horent irz, her Grawer Roc,	
2725	ich sagen uch, here, daz weiz got,	
	nu muzent ir vehten	

2705 ouch *fehlt*, gestreckt *H*, auff der erden *D*, ge-
strackter vor jm auff die erden *P*.   2706 *fehlt H*,
lieber herre *D*, jr edlen Künig *P*.   2707 Dis *H*, das
P, br. die man mier hat geben Ich wil jr keinen me by
minem leben *H*.   2708 Dan *H*, dort *D*, da *P*.   2709 Das
D, das *P*.   2710 lieber *D H*, herr *D*, here *H*. *Nach*
2711 2680—83 *D H*.   2712 Elemy *H*.   2713 Gar w.
H, in alle l. *D*.   2714 Bisz *D*.   2716—17 *fehlen*
H, Die hayden fûrten sy *D*, *vgl.* 2431—37, *P zu* 3213,
urspr. eher manic h. man do sch. s. v. d. mit zwenzic
dusent m.   2718 Der h. *H*.   2719 der *fehlt H*.   2720 er
gar schon *H*.   2721 gan *J.* uff den plon *H*.
2722 Elemy *H*.   2723 derselben porten *D*, vor der porten
P, *vgl.* 1874 burgmuren.   2725 h. on allen spot *H*.
2726 krefftigklichen f. *D*, vast v. *H*.

mit mir und minen knehten.'
do sprach der kunic Durian: 2690
'ich wil den Grawen Roc bestan.
2730 ich wil ime fride bannen
vor allen *m*inen mannen
und *u*ch vor meister Isen,
daz wizzent ane zwivel: 2695
er ist ein uzerwelter man,   —
2735 er gedar uch wol bestan.'   —
der Grawe Roc, der helt gut,
von der zinnen er sich hup.
er ginc also gerihte,
da er daz heilige grap wiste,
2740 er liez sich schone uf sine knie,   2700
unsern heren bat er ie
also rehte dugentlichen
also det ouch [frouw Bride] die kunigin riche. 2703/4
er sprach: 'o du himelischer here,
2745 hilf mir hude zu minen eren,
daz ich den ungedouften mannen
angesige mit minen handen.'
do leite er an zware
sinen guden roc grawe,   2710

2727 m. haydenischen kn. *D.*   2728 Dencian *H.*
2729 allein b. *H,* allain besteen *P, gegen* a. *die Glätte der
umgebenden Verse.*   2730 im allen fr. *D,* Vnd wil in
aller froüden b. *H,* ich will dir frid bannen *P.*   2731 a. hai-
denischen m. *D,* a. sinen Cristenen m. *H,* vor dem künig
Eleyn / auch vor allen seinen vnd meinen mannen *P.*
2732 auch *D,* ouch *H, keine Entsprechung P.*   2733 Das
wil ich hivt bewisen *H.*   2735 Vnd wissent er *D,* uch
an zwiffel b. *H.*   2737 An die zine *H.*   2738 g. mit
vollem luste *H.*   2741 Er b. u. h. *H, vgl.* 1926.
2742 r. *fehlt D.*   2743 Vnd ouch *H, zwei Zeilen* Br. Die
edel k. r. *D, vgl.* 1928.   2744 ach himl. h. *H.*
2747 Hivtte a. *H.*   2748—49 an sin alte wot Einen
g. gr. r. *H.*

2750 er sprach: 'sal ich verliesen min leben,
so wil ich ez in disem rocke *uf geben.*'
der Grawe Roc sich begurte
mit sime guden swerte,
do sazte er uf sin houbet   2715
2755 einen helm was schone gebouget,
dar umme lac vil schone
von golde ein liehte krone,
als sie [ouch] der kunic Davit
hatte gefurt manigen [herten] strit.   2720
2760 er hiez ime balde entspringen,
sin gut ros dar bringen,
der Grawe Roc, der wigant,
ane stegreif er in den sadel spranc.
wie schiere der degen lobesam   2725
2765 einen schilt zu den armen genam!
man brahte dem degen kune
ein sper was ungefuge.
der Grawe Roc, der helt gut,
alleine sich fur die porte hup.   2730
2770 da vant er halden einen man,
der was so duveliche gedan:
er hede uber sine bruste
dri brunige starc und veste.
die ein was hurnin,   2735
2775 die ander was silberin,

2750 solt *D*, v. das l. m. *H*.   2751 In d. gr. r. w. i.
es nemen *D*, Das musz in d. r. sin *H*, *vgl*. 1611, 1998.
2752 s. do *H*, begirte *D*.   2753 einem g. s. das er fürte *H*.
2754 Vnd s. do *H*.   2755 w. *fehlt*, gepawte *D*, was
wol beloubet *H*, *vgl*. 1003.   2757 Ein güldine kr. *H*.
2758 Also in *D*, d. *fehlt H*.   2759 in m. *D*, *vgl*. 1673.
2760 Do h. er b. *D*, b. und geschwinde *H*.   2761 Ein g.
H, Im s. g. r. her für br. *D*.   2763 er *fehlt D*.
2765 nam *D*, *vgl*. 1687, 2100.   2767 das w. *H*.
2769 S. a. *H*.   2770 ainen m. h. *D*.   2771 also
H, so t. gestalten *D*, *vgl*. 2024.   2773 her u. *H*.

so was die dritte luter stahel,
als wir daz buch horen sagen: —
ob ein swert durch sine gude
durch die hurnin brunige wude,
2780 so solte daz silber und der stahel   2740
von rehte daz swert wider haben.
do er in verren ane sach,
gerne mugent ir horen, wie er sprach:
'got gruze uch, her Grawer Roc,
2785 ich kan uch nit anders nennen, weiz got.   2745
ob ich uch erkante,
wie gerne ich uch anders nante.
ir muzent uf diser erden
min eigen dienstman werden,
2790 so wil ich uch machen underdan   2750
daz lant von Ackers unz uf den Iordan.
wollent ir mir des dienstes abe gan,
so sagen ich uch, here, daz *vor war*:
so wil ich mit uwerm libe   2755
2795 vehten *die* herten volcwige.'
do sprach der Grawe Roc:
'daz loben ich, here, daz weiz got,
wollent ir mir machen underdan   2760
daz lant von Ackers unz uf den Iordan,

2776 Die dr. w. l. stehlin *H, vgl.* 2029.   2777 *fehlt H.*
2778 nun e. s. von g. *H.*   2779 sein h. *D,* h. *fehlt H.*
2781 2777 *wiederholt D, vgl.* 2034.   2782 von f. *D,* ver *H.*
2783 Nun hörent w. *H.*   2784 her der Gro *H.*
2785 genennen wisz *H.*   2786 euch nit (?) e. *D.*
2789 aygner *D.*   2791 l. Nackers *D H,* bisz *D. Nach*
2792 So wil ich euch mit meinem leyb̄ bestan *D.*
2793 h. an wan *H,* Vnd s. euch h. d. waysz got Vnd ist
auch on allen spot *D, vgl.* 2611, 2623, 2805.   2794—95 So
wil ich mit vch den ersten strit han *H.*   2794 Vnd w.
auch m. *D, vgl.* 2612, 2624.   2795 F. ein vil herte
voltweige *D.*   2797 wisz *H.*   2799 v. *fehlt H,* Nackers
D H, bisz *D.*

2800   so wil ich uf diser erden
        uwer dienstman gerne werden,
        und wollent ir uch lazen doufen
        und an den waren Krist gelouben.   2765
        wollent ir mir der doufe abe gan,
2805   so sagen ich uch daz vor war:
        so wil ich mit uwerm libe
        vehten die herten volewige.'
        also widersagete munt wider munt   2770
        von zwein richen kunigen zu der stunt.
2810   zu samen sie do stachen,
        ir beder sper zubrachen,
        hinder zwene [goltfarwe] schilde sie sich bugen,
        zwei scharphe swert sie do zugen.   2775
        sie slugen uf einander,
2815   daz die furinen flammen
        stubent uf dem velde.
        die stolzen helde snelle
        die liden vil der leide   2780
        uf der breiden heide.
2820   daz det dem heiden Durian zorn,
        des het [d]er [Grawe Roc] na sinen lip verlorn:

2801 G. u. d. *H.*   2802 ir *fehlt* D, lon ziehen von den touben *H.*   2803 geworen Kristum *H.*   2804 Aber w. *D*, m. aber *H*, *vgl.* 2622, des tauffes *D*, des touffes *H*, *auch* 2868, 2874, 3164, 3170 *masc., aber der Reim empfiehlt das fem.*   2805 für war an *D*, vch on allen won *H.* 2806—07 m. vch einen kampff haben Mit uch und uwrn heidischen knaben *H.*   2807 voltweyge *D. Nach* 2807 Do sprach der grawe rock Das lob ich herre das weysz got *D.* 2809 zů st. *D.*   2811 beiden sp. sy do z. *H*, *vgl.* 2036.   2812 die sch. *H*, *vgl.* 2037.   2813 Die schwert *H*, *vgl.* 2038.   2815 fivrigen *H.*   2817 st. degen *D*, *vgl.* 2042.   2818 Sy hettent v. *H.*   2819 Mitainander auff d. praten *D*, witten h. *H.*   2820 Do wart grosz des h. Dencian *H*, *vgl.* 2045.   2821 Darůb h. . . nahet *D*, Der Gr. R. h. noch den l. *H*, *vgl.* 2046.

der heiden daz swert uf hup,
uf den Grawen Roc er do sluc,   2785
er gap ime mit kreften einen slac,
2825 daz [d]er [Grawe Roc] vor ime gestrac*ter* lac.
wa ist nu [der Grawe Roc] der biderbe?
er lit vor dem kunige dar nidere
und muz verliesen sin leben,   2790
man enwelle *dem leser* zu drinken geben.
2830 daz begunde erbarmen die frie,
die kunigin sant Marie,
sie sprach: 'drut sun vil guder,
hilf dem kunige Orendel uz noden.   2795
drut sun, vil lieber here,
2835 durch dines heiligen grabes ere,
durch des willen er sich hat uz gehaben,
drut sun, daz saltu ime nit versagen.
und wirt er von dem heiden erslagen,   2800
ich enmohte in nummer me verclagen.'
2840 do sprach unser drehtin:
'gerne, liebe muder min,
ich heizen ime helfen zu hant',   2805
also sprach got der heilant.   2804
do sante ime Crist von himele
2845 einen engel hernidere,

2824 m. zorn *H.*   2825 rock vnder seinem schilte
l. *D,* gestreckt *H,* gestrackter vor jm nyderuiel *P.*
2826—27 Nun ist d. gr. r. nye so bider Er leüt von d. k.
Durian nider *D.*   2828 s. werdes l. *H.*   2829 wôlle
im dann z. *D,* welle jm dann helffe g. *H,* dem leser *Harken-
see, Diss. S. 19.*   2833 Nun h. *D.*   2834 vnd l. *D.*
2836 Vñ durch *D.*   2837 Das soltu jm liebes kint n. *H.*
2838 Dan würd *H,* den *D.*   2839 So möcht man jn
nie mer vol cl. *H.*   2840—42 *fehlen D.*   2840 Got
u. Tr. *H.*   2841 Ger *H.*   2842—43 *umgestellt in H, vgl.*
2063 *f.*   2843 A. sp. d. h. Dise wort also zû handt *D.*
2844—45 *fehlen H.*   2845 *vgl.* 2066.

einen engel also here,
den guden sant Gabriele.
der engel sich do bucte,   2810
den Grawen Roc er uf zucte,
2850   er gap ime [einen] kreftigen mut:
wie balde er sich an den heiden hup!
der Grawe Roc, der wigant,
dem heiden er daz houbt ab swanc,   2815
daz ez verre von ime scheip.
2855   der Grawe Roc do furbaz schreit.
do der kunic Elin daz ersach,
. . . . . . *ime nie so leit geschach.*
wie balde er sich *genante*,   2820
dem Grawen Rocke er boden sante:
2860   er wolte sich lazen doufen
und an den waren Krist gelouben.
do sprach der Grawe Roc:
'daz loben ich, daz weiz got.   2825
wollent die heiden kristen werden,
2865   dar zu wil ich in helfen gerne.'
do hiez er balde entspringen,

2846 Einen gûten e. *D.* Nach 2847 Der kumpt von
dem himel hernider Und hilffet im uff wider *H.*
2848 duckte *D, vgl.* 323*f.*   2849 er do *D.*   2851 An
d. h. er s. do hup *H, vgl.* 2070.   2853 er *fehlt H.*
2854 Mit sinem schwert das wol schneit *H.*   2855 streit
H, Das d. gr. r. do hin gieng vnd schr. *D, gegen H* 2730*f.*
2856 Do das d. k. Elemy *H.*   2857 Nun hörent wie
er do sprach *D,* wie bald er sich do verwag *H,* do geschach
jm so gar vnmåslichñ laid *P, vgl.* 2491, strides hi sich
gar verwach *Ettmüller,* im n. so . . . l. g. *Berger.*
2858 *fehlt H,* s. do wante *D, vgl.* 1066 *u. ö.*   2859 r. do
b. *D.*   2860 *zwei Zeilen* s. zu hant Gerne l. *H.*
2861 geworen got *H, vgl.* 2619, 2803.   2863 dich
l. . . wisz *H, vgl.* 2797, 3159.   2864 Woltent d. h.
al Kr. *H.*   2865 D. z. hilff ich in uff diser erden *H.*
2866 b. und geschwinde *H.*

die priester dar bringen,
die gesegneten do die doufe 2830
mit dem waren godes glouben.
2870 do doufte man zware
alle die da waren:
sie deten ez gerne oder ungerne,
sie musten alle kristen werden. 2835
do die doufe ende genam,
2875 der Grawe Roc kerte von dan
vil wunderlichen schiere
gein der burg zu Jerusaleme.
do sie do froliche gesazen, 2840
gedrunken unde gazen,
2880 und der Grawe Roc solte gan slafen
mit frouw Briden in die kemenade,
do er an daz bette gedrat,
der engel ime under die ougen sach. 2845
er sprach: 'horstu, kunic Orendel,
2885 mich hat got und sin muder zu dir gesendet.
zu Triere vor dines vader burge
da ligent drizehen heidenischer kunige

2868 Das sy gesegtent den touff *H*, den tauffe *D*, *vgl.*
2804.   2869 d. gotlichen gl. *H*.   2870 do zw. *D*.
2871 do heiden w. *H*, *vgl.* 3167.   2872 Die *D*.   2874 Also
nun der touff *H*, der tauff ain ende *D*, *wie* 3170.
2876 gar sch. *D*, w. schon *H*.   2877 Wider in die b.
gen J. *D*, zu *fehlt H*, *vgl.* 1780, 2571.   2878 sy nun *H*.
2879 vnd auch *D*.   2880 schl. gan getrate *D*, gon
getratte *H*, *vgl.* 1833, 3908.   2881 Schloffen in ein
k. *H*.   2882 *fehlt H*.   2883 Zu im so sprach ein
engel *H*, kam aber der Engel *P*, *vgl.* 1836, 1934, 3911.
2884 er sp. *fehlt H*.   2885 got zu d. g. fin Und die
liebe m. s. Und tut dier kunt schiere *H*, *vgl.* 3126*f. an
entsprechender Stelle.*   2886 Das vor d. v. husz zu
Tr. *H*, vaters *D*, zů Trier . . . vor deines vatters burg *P*.
Nach 2887 Und mit jn ein gross menige *H*.

und sechzehen [vil guder] graven   2850

und zwolf herzogen zware.

2890 kumstu *ime* nit zu helfe in zit,

er und die sine verliesent den lip.'

als er die mere do vernam,

uf stunt der degen lobesam,   2855

er sprach: 'horstu, frouw Bride,

2895 die schonste ob allen wiben?

nu gip mir urloup, kunigin here,

ich wil faren uber den wilden sewe.

zu Triere vor mines vader burge   2860

da ligent drizehen heidenischer kunige

2900 und sechzehen graven

und zwolf herzogen zware:

kumen ich ime nit zu hilfe in zit,

er und die sine verliesent den lip.'   2865

do sprach frouw Bride:

2905 'helt, die rede laz bliben:

edeler kunic here,

ich wil mit dir faren uber den sewe.

2888 *fehlt H*, *vgl.* 3131*f.*   2889 Die mach ich dir kunt offenbore *H.*   2890 zů h. deinem vater in diser z. *D*, zu h. dim vatter schier *H*, kŏmest du jm nicht schir zů hilff *P*, *vgl.* 2902. *Nach* 2890 Er verlürt die burg und das lant Trier *H.*   2891 Und alle die *H*, ire l. *D*, so verleüset er leüt vnd landt vnd seinen leib dartzů *P. Nach* 2891 Es sigent man oder wip *H.*   2894 hörent irs *D*, hŏrstu *P.*   2895 sch. aller wibe *H.*   2896 frouw h. *H.* 2897 das wilde mere *H*, *vgl.* 2907, 2914, 2918.   2898 Gen Tr. gegen m. *D*, Vor m. v. husz zu Tr. *H*, *vgl.* 2886. 2899 da l. *fehlt D*, xiii k. dar musz ich schier *H*, *vgl.* 2887. 2900—01 Sechz. gr. vnd h. *D*, Und xvi gr. zwore *H*, *vgl.* 2888*f.*, 3131*f. Nach* 2901 Die haben in alle überzogen *D*, Das seit mier ein engel offenbore *H.*   2902 in der z. *D*, in kurzer z. *H.*   2903 alle die *H*, iren l. *D.* 2906 k. vil h. *D*, k. und h. *H.*   2907 m. d. über mere *H*, den wilden see *D*, *vgl.* 2914, 2918.

	nu heiz dir balde entspringen,	2870
	meister Isen gein hove bringen,	
2910	und bevilch ime also schone	
	bede kruze unde krone	
	und daz heilige grap *unsers heren,*	—
	daz behudet er wol mit eren.'	
	[wan ich wil mit dir faren uber den sewen]	2875
2915	do meister Ise zu hove quam,	
	er sprach: 'bevelhet [uwer kunicrich] eime andern	

man ...   2878

	wan ich wil mit mime heren	
	varen uber den wilden sewe	2880
	ane alle missewende:	2882
2920	ich wil zu Triere versuchen min ellende.	
	min here gefurte nie keinen man,	
	der ime si nutzer uf des meres tran.	2885
	dar zu kan ich uf dem wage	
	mines heren kiele wol geladen.'	
2925	do hiez man balde entspringen,	

2908 Darumb h. *D,* b. und geschwinde *H.*   2909 Ysen
holen und br. *H.*   2911 vnd auch *D.*   2912—2913 *eine
Zeile D H,* heilige *fehlt D,* wol *fehlt H,* beuilch das hailig
grab ... Hertzog Eysen / der pfligt sein wol an deiner
stat *P, vgl.* 2930—33.   2914 m. d. vber mere *H,*
vgl. 2907, 2918. *Nach* 2914 Nein heisz dier bald und ge-
schwinde Gallen und kiele bringen *H.*   *Nach* 2915 Und
dise red also vernam *H.*   2916 Do sp. er *D,* wellent uwr
uch ein ander m. *H,* beuelhet das hailig grab vnd dises
landt ainem anndern *P, urspr.* bevelhet ez *od. ä. od.
Ausfall eines Verspaares.*   2917 wan *fehlt D,* mit vch hin
dan *H.*   2918 das wilde mere *H,* über mŏr *P. Nach*
2918 Mit vch und minem heren *H.*   2919 alles misse-
wenden *D.*   2920 vers. zu Tr. *H,* ellen *v. d. Hagen.*
2921 fůrte *D,* niemer k. *H.*   2922 n. sy *H,* seinen nutz
über *D,* ich kan auch basz auff dem wasser daṅ ander *P.*
2923 wagen *D,* mer und staden *H.*   2924 beraten?
Berger Anm., vgl. 2936.   2925 b. und geschwinde *H.*

zwene ander herzogen bringen,
daz warent gewesen [zwene] heidenische man   2890
und hedent sich lazen doufen
und waren dem [heiligen] grabe underdan.
2930   man befalch den selben also schone
bede kruze unde krone
und daz vil heilige grap: 2895
daz gabent sie den heiden umb einen schatz.
man hiez do nit lenger beiden,
2935   die kiele hiez man bereiden.
man hiez die kiele wol laden,
als wir daz buch horen sagen,   2900
mit brode und ouch mit wine,
[und] mit manger hande spise.
2940   do gahete an die kiele [allez] daz da was,
die vil stolze herschaft.
sie zugent uf ir segele,   2905
ir kiele fluzzent ebene,
do fluzzent sie *m*it all*e*
2945   funf wochen also lange.
in der sehsten wochen
quam gegen in geflozzen   2910
zwene und zwenzic kiele
vil wunderlichen schiere.

2926 darbringen *D*. *Nach* 2927 Vnd warent gewesen
dem grawen rock gehorsam *D*.   2928 touffen lan *H*,
vgl. 2421*f*.   2926—29 zwayen künigen / die warn jrer
(*Brides*) swester Sün *P*, *das Urspr. nicht wiederherstellbar.*
2930 s. ouch gar sch. *H*.   2931 *fehlt H*, vnd auch *D*,
vgl. 2911.   2932 Die kron und das h. gr. in beiden *H*.
2933 sy sit, u. e. sch. *fehlt H*, sy gaben das hailig grab
wider in der Haiden hend *P*.   2935—36 *vgl.* 340*f*.
2936 vil w. *D*.   2940 k. *fehlt D, vgl.* 359, 3368, 3800,
urspr. kiele swaz.   2944 sy nit alleine *D*, *vgl.* 365
u. ö.   2944—45 Do fl. sy fünff w. *H*.   2945 lang
tag weyte *D*.   2946—47 In d. s. koment g. jn vil *H*.
2947 Do kam *D*.   2948 Me dan zw. *H*.   2949 *fehlt H*.

2950	do sie frouw Bride ane sach,	
	daz wort sie gutlich*en* sprach:	
	'und sint daz allez heiden,	2915
	wir sollen ir lazen genesen keinen.	
	vil druder degen Schiltwin,	
2955	dar saltu min bode sin:	
	erfar mir, helt, vil rehte,	
	ob ez sin heidenische knehte.'	2920
	der herzoge Schiltwin was biderbe,	
	er sazte sich nit da widere,	
2960	er begunde vil balde ilen	
	an die kleinen galinen,	
	er fur den kielen entgegene,	2925
	daz det der herzoge edele.	
	do er den marner ane sach,	
2965	daz wort er gutlichen sprach:	
	'nu sage mir, marnere,	
	wer ist uber die kiele here?'	2930
	'daz ist der herzoge Mersilian	
	und sin bruder Stefan:	
2970	die selben herzogen here	
	sint meister Isen sune bede.	
	sie hortent sagen [die] mere,	2935
	daz ir vader ein herzoge were	

2950 kumen sach *H*, ersahen *P*.   2951 Vil gütlich
sy do sp. *H*.   2952 alle mein h. *D, vgl.* 2957 *D*.
2953 So sollent jr so von dem leben scheiden *H*.
2956 h. *fehlt H*.   2957 es alles *D*, s. heiden oder jr
geschlecht *H*, Christen oder Hayden *P*.   2958 Sch.
steig hernider *H*.   2959 Was man im befalch do satzt
er sich n. w. *D*, Vnd ret nit *H, vgl.* 1328, 2586, 2646, 2652,
2696.   2961 In *H*.   2963 det *fehlt*, h. eben *H*.
2965 G. er do zu jm sp. *H*.   2966 nu *fehlt H*.
2967 nun der k. *D*.   2968 Mercian *H*, Marsilion *P*.
2970 s. zwen h. *D*, h. alleine *H, vgl.* 2990.   2971 Die
sein *D*.   2972 hörent *H, vgl.* 2992.

und an den selben stunden
2975　sin swert [zu Jerusaleme] hede umb gebunden.
hie so kument sie selber
mit drizic dusent helmen.　　　　　　　　2940
die wollent sie machen dem Grawen Rocke under-
　　　　　　　　　　　　　　　　　dan,
also sprach der herzoge Mersilian.'
2980　do der bode wunnesam
die guden mere do vernam,
do kerte er also gerihte,　　　　　　　　2945
da er den Grawen Roc wiste.
do er in verrest ane sach,
2985　gerne mugent ir horen, wie er sprach:
'horent ir, her Grawer Roc,
ich sagen uch, here, daz weiz got,　　　　2950
ez ist der herzoge Mersilian
und sin bruder Stefan.
2990　die selben herzogen here
sint meister Isen sune bede,
sie horten sagen mere,　　　　　　　　　2955
daz ir vader ein herzoge were
und an den selben stunden
2995　[zu Jerusaleme] sin swert hede umb gebunden.
hie so koment sie selber
mit drizic dusent helmen:　　　　　　　　2960
die wollent sie uch machen underdan,
also spricht der herzoge Mersilian.'

2974 zu d. *H.*　　　2975 Het er vmb wunden *D, vgl.*
2373, 2995.　　2976 Herre so *D, vgl.* 2996.　　2978 wolten *D.*
2978—79 *urspr. vielleicht* d. w. s. m. underdan dem Gr.
R. lobesam, *Änderung nach* 2998*f.*　　2979 heiden M. *H.*
2980 Also *H.*　　2981 die *fehlt,* Gutte *H.*　　2982 er
mit lüste *H.* 2984 ver *H.*　　2987 voh on allen spot *H.*
2989 Vnd auch *D.*　　2990 h. beide *H.*　　2991 Die s. *D.*
2993 Wie *H.*　　2994 zu d. *H.*　　2995 S. schw. h.
vmb wunden *D.*　　2998 Und w. voh wesen u. *H.*
2999 sprach *H.*

3000	Des frouwete sich der Grawe Roc	
	und dancte des *von* herzen got.	
	do frouwete sich frouw Bride,	2965
	die schonste ob allen wiben.	
	do frouwete sich meister Ise,	
3005	ein herzoge here und wise.	
	ir anker sie do gesluzzent,	
	gegen einander sie do fluzzent.	2970
	do entphingent sie die heren	
	mit harte grozen eren.	
3010	sie hiezent die edel kunigin	2975
	erlichen gotwilkumen sin.	
	do ruweten sie *mit* alle	
	dri dage also lange.	
	an dem vierden morgen sprach frouw Bride,	
3015	die schonste ob allen wiben:	2980
	'her Grawer Roc, ir sint worden riche,	
	daz wizzent sicherliche.	
	nu koufent ros und ...	
	daz uch die frouwen	
3020	in dem lande schouwen.	—

3000—01 *fehlen* D.   3003 sch. aller wibe *H*.
3004 s. auch *D*.   3005 Ein vischer *H*, reych vnd *D*.
3006 auszschussent *D*, zugen sy die ancker hoch *P*, *vgl.*
345.   3007 Gegen in *D*, vn̄ fůrn bayde hǒr zu samen /
ainander .. *P*. *Nach* 3007 3012—13 *D H*.   3009 M.
so gr. *H*, Nach harten *D*. *Nach* 3009 Sy fragtent sy der
meren Wanan sy darkumen weren *H*, *aus* 3059 *f*.   3012 mit
fehlt D H, *vgl.* 2944.   3013 Dr. t. mit grossem schalle *H*.
3015 sch. aller wibe *H*.   3017 w. nun s. *D*.   3018 r.
zaum vnd pferdt *D*, r. u. gewant *H*, das er ... pferd
kauffen liesz *P*. *Nach* 3018 Vnd was eüer hertz begert *D*.
3019—20 *eine Zeile D H* sehent in d. l. *D*, sch. in d.
l. *H*, damit sy Eerlich vnd mit grosser schonhait durch
der Christen lande reytten mǒchten *P*. *Nach* 3020 Ir
fůrent manchen kůnen weigand *D*, Nu kouphet ros inde
gewant, ir foret manegen wigant, daz uch die sconen

do sprach meister Ise:　　　　　　　　　2985

'frouwe, die rede lant beliben.

ich sach gestern morgen fru

der rosse also groze stu*t.*

3025　wer mir die selben ros wil weren,

dem wil ich sinen rucke beren,　　　　2990

daz in nummer darf belangen

nach meister Isen handen.'

meister Ise, der wigant,

3030　der nam ein ruder in die hant,

er begunde balde ilen　　　　　　　　2995

an die cleinen galinen.

do er uz quam uf den sant,

meister Ise der wigant,

3035　dannoch was der degen [vil] gemeit

zuschen sinen brawen zweier spannen breit.　3000

do jagte er uber daz gefilde

manic schonen volen was wilde.

er kunde mit allen sinen sinnen

3040　die ros nie zu samen bringen,

die ime zu staden mohten komen,　　　3005

als wir ez an dem buche han vernomen.

daz ersach ein herzoge hiez Warmunt,

---

frouwen in dem lande scouwen *Ettmüller, aber vielleicht reimte* zoume : frouwen, *vgl. P nach* 3101.
　3023 m. *fehlt H.*　　3024 strû *D,* Rosse do wil ich zu *H, Berger vgl.* 3050.　　3025 der s. *D,* s. *fehlt H.* 3026 zerberen *D.*　　3028 I. stangen *H.*　　3029 schône w. *D,* I. nam ein ruder in die hant *H, vgl.* 2306, 3034. 3030 Der graiff *D,* D. vil stoltze wigant *H,* nam *P.* 3031 vil b. *D,* gar b. *H.*　　3032 Mit der cl. *H.* 3033 an d. *H,* auff das land *P, vgl.* 489.　　3034 schône w. *D.*　　3035 was er vil *H.*　　3036 seinem *D,* br. was er br. *H.*　　3037—38 *fehlen H.*　　3038 schônes thier *D, vgl.* 3078.　　3039 Do k. er *H.*　　3040 nit *H.*　　3041 m. zû st. *D,* zu st. solltent *H.*　　3042 an d. b. *fehlt H.* 3043 ritter h. Wermunt *H.*

ein ritter biderbe unde junc,
3045 er sprach: 'schouwe, bruder Berwin,
wer mac jener helt gesin,   3010
der dort alderseine
unser ros jaget uf der heide?
er dreit eine freisliche rude,
3050 wollent wir nit weren unser stude?'
do sprach der herzoge Berwin: 3015
'nein ich, uf die druwe min,
er hat einen freislichen ganc,
[und wer er der duvel] ich enweren ez ime jarlanc.'
3055 also ginc er aber furbaz stan,
der stolze degen lobesam,   3020
do gruzten in die heren
mit harte grozen eren,
sie fragten in der mere,
3060 wannen er dar kumen were.
des antwurte in meister Ise,   3025
ein herzoge here und wise:
[er sprach] 'der Grawe Roc, min here,
ist kumen uber den wilden sewe
3065 und mit ime frouw Bride,
die schonste ob allen wiben.'   3030
des frouwete sich herzoge Warmunt,
ein ritter biderbe unde junc.

3044 Der was b. u. ouch *H*, *vgl.* 3068.   3045 nun
sch. *D*.   3046 m. nun *D*, sin *H*.   3047 do *H*.
3050 wir nun *D*, wŏll wir jm nit wŏre *P*, vnsern *D*, strutte
H, *vgl.* 3024 strŭ *D*.   3054 und *fehlt H*, erwer *D*, tivffel
er wer genug lang *H*, er hat aiñ als fraislichen gang / das
ich zŭ jm nit will *P*, ichn were *Ettmüller*.   3055 aber
fehlt H.   3059 Vnd *H*.   3060 Von w. *D*.   3061 Do *H*.
3062 reich vnd *D*.   3063 R. *fehlt H*.   3064 das
wilde mer *H*.   3065 Vnd ouch fr. *H*.   3066 sch.
aller wibe *H*.   3067 der h. Wermut *H*.   3068 hertzouw
b. u. gut *H*, r. stoltz˙ vnd *D*, *vgl.* 3044.

do hiez er balde entspringen,
3070 ein gut ros dar bringen,
dar uf lac ein sadel helfenbeinin. 3035
er sprach: 'daz sal din bodenbrot sin.'
do sprach meister Ise,
ein herzoge here und wise:
3075 '[here] die gabe vergelde uch got der gude
und Maria sin liebe muder.' 3040
sie jagten uber daz gevilde
vil manigen volen wilde,
die schonen appelgrawen marc
3080 die warent kreftic unde starc.
die stolzen degen [schone und] here 3045
gabeten dem Grawen Rocke mit eren.
mit in reit meister Ise,
daz wizzent ane zwivel,
3085 er wiste sie also gerihte,
da er den Grawen Roc und frouw Briden wiste. 3050
do er frouw Briden ane sach,
daz wort er gutlichen sprach:
[er sprach] 'frouwe, entphahent die heren
3090 mit harte grozen eren!
wan sie hant uch gar schone entphangen 3055
mit gaben in disen fremden landen.'

3069 b. und geschwinde *H*. 3070 im dar *D*.
3071 l. *fehlt D, vgl*. 1602. 3072 dis *H*. 3074 fischer
h. *D, vgl*. 3062. 3075 der gob *H*, der gude *fehlt D*,
vgl. 667, 1499, 1787, 2195, 2297, 2642. 3076 sandt M. s.
m. auch *D*. 3077 gewilde *D*, wilde *H, vgl*. 3037.
3078 vil *fehlt H*, volland *D*. 3081 herren *D*, st. und
die schonen heren *H*. 3082 Brachtent dem . . . mit
grossen e. *D*, Die begobtent den *H, vgl*. 201, 3180.
3084 Der was der sach wise *H*. 3085 sy mit allem
glüste *H*. 3086 seinem herrn auch seiner frawen *P*.
3087—88 *fehlen H*. 3089 fr. nun *D*, fr. Brid *H*.
3090 Nach h. *D*. 3091 Sy. h. gar *D*. 3092 m. g.
fehlt D, jn grosz schanckung thůn *P*.

do sprach frouw Bride stede,
daz sie daz gerne dede.
3095 frouw Bride hiez schriben uf den hof
iegelichem heren funfzic ros,   3060
daz schuf die kunigin here,
daz sach meister Ise gerne.
do sach man furen uber den hof
3100 vil manic schonez hantros
da zu Bare in der stat,   3065
als uns daz dutsche buch noch sagt.
sie waren alle wilde,
iedoch so stundent sie stille
3105 und liezent sich [alle] beslahen
und gerne zu in genahen   3070
in allen den geberden,
als sie gezemet weren.
dannoch hede der herzoge Mersilian
3110 und sin bruder Stefan
drizic dusent manne   3075
mit dem liehten stahel umbfangen.
sie riden zu Pulle durch daz lant
mit manigem kunen wigant.
3115 daz wizzent ane zwivel,
[sie furent] uber ein wazzer, heizt die Tiber. 3080

3094 vil g. *D. Nach* 3094 Sy danckt in nach ade-
lichem sitten Kluger red genug darmitte *H.*   3095 liesz *H.*
3096 Jedem *H*, Yetlichem h. auff den hoff f. *D.*
3097 k. den hern *H.*   3098 vil g. *H.*   3100 manches
D, rosz *H.*   3101 zu boüe *H*, in die stat Genpar *P*,
vgl. 2549 Ermuntell; da richten sy sich zů kauffen /
Såtel / zåum / vnd was zů pferden gehôrt *P.*   3102 disz
b. gesaget hat *H.*   3103 a. vil wilde *D.*   3104 Doch
st. sy so stille *H.*   3105 liesset *D.*   3106 Also
thetent sy auch zů dem fahen *D.*   3109 Dennocht *D*,
Dannach *H.*   3110 Vnd auch *D.*   3113 durch *P*,
daz l. *H.*   3114 manchem frechen k. *D.*   3116 die *fehlt H.*

sie furent also [rehte] schone
durch die guden stat *zu* Rome,
sie furent durch welhische lant,

3120 der Grawe Roc quam gein Metze zu hant:
gegen ime reit an den stunden   3085
vil manic burger junge.
Die entphingen in mit eren,
den stolzen degen here[n].

3125 sie hiezen die edel kunigin
erlichen gotwilkumen sin.   3090
do furent sie alle schiere
vierzehen mile [von Metze] gein Triere.
do vant er vor sines vader burge

3130 drizehen heidenischer kunige
und sechzehen graven   3095
und zwolf herzogen zware.
die horten sagen mere,
daz der kunic Orendel [kumen] were

3135 [und were] kumen in die *dutschen* lant
mit manigem kunen wigant.   3100
do zoch sich abe an den stunden

3117 so *H, vgl.* 3220.   3119 d. die welische *D,* durch
Welsch lant *H,* durch wålsche land *P, vgl.* 3218, *Behaghel,*
Dtsch. Syntax I S. 113.   3120 gon *H,* vnd kamen
darnach in Teütsche land gen Metz *P,* *A und quamen
gein Metze in dutsche lant? *vgl.* 3135.   3121 zu den *H,*
jn (*pl.*) *P.*   3122 mancher *D.*   3123 Do e. sy in auch
m. e. *D,* vñ enpfiengen sy *P.*   3124 tegen und jren
heren *H.*   3125 Nun heissent *H.*   3127 worent *H.*
3128 gon *H.*   3130 Die dr. haydenische *D.*   3131 Vnd
die *D,* gr. zwor *H.*   3132 h. das ist wor *H. Nach*
3132 Also jm der engel det offenbere *H.*   3133 Do
h. sy *H.*   3134 Or. zu lant *H, vgl.* 2190, 2973, 3060.
3135—36 Wer k. mit m. stoltzen w. *H,* das künig Arenndel
tzů land kömen wår vnd mit jm manig tausent werder
christen *P, vgl. P zu* 3120.   3137 stunde *D.*

       vil manic ritter junge:
       wullen und ouch barfuz
3140   sie gingen ime al entgegene
       mit einer grozen menige,   3105
       sie liezent sich also suze
       gegen *ime* uf die fuze.
       do baden sie frouw Briden,
3145   die schonsten ob allen wiben,
       daz sie also wol dede   3110
       und den Grawen Roc bede,
       daz er in vergebe ir schulde
       und sie lieze kumen zu hulde:
3150   sie wolten sich lazen doufen
       und an den waren Krist gelouben   3115
       mit wiben und mit kinden
       und mit den sie mohten betwingen.
       do sprach frouw Bride stede,
3155   daz sie ez gerne dede:
       [sie sprach] 'versaget mir daz min here,   3120
       er gesiht mich frolich nummer mere.'
       do sprach der Grawe Roc:
       'daz loben ich, daz weiz got!
3160   wollent die heiden kristen werden,

    3138 m. stoltzer r. *D.*   3139 *fehlt H*, legten an
wullen gewand / vnd giengen all barfûsz *P. Nach* 3139
Vil mancher stoltzer degen gût *D.*   3140 Die *H.*
3141 herlichen mengen *D.*   3142 auch a. *D.*   3143 G.
dem grawen rock *D,* Dem Gr. R. nider uff sin *H,* vielen
jn bayden zû fûsz *P.*   3144—46 *eine Zeile* Vnd b. fr.
Br. das sy so w. tette *H.*   3149 zu siner h. *H.*
3150 touffen die touben *H.*   3151 geworen *H,* cristum
D, Christum *H.*   3152 vnd auch *D.*   3153 M. dem
sy m. behalten vnd b. *D,* Den sy m. hulden und b. *H,*
vnd nicht allain wir / sonder auch alle die / die wir
betzwinngen mügen *P.*   3155 recht g. *D.*   3159 ich
wisz *H.*   3160 h. alle cr. *D.*

dar zu wil ich in helfen gerne.'   3125

do hiez er balde entspringen,

die priester dar bringen,

die gesegneten die doufe

3165   mit dem gewaren godes glouben.

wizzent, daz man doufte zware   3130

alle die da heiden waren:

sie deden ez gerne oder ungerne,

sie musten alle kristen werden.

3170   do die doufe [ein] ende nam,

der Grawe Roc kerte von dan,   3135

do wart er schone entphangen

von frouwen und von mannen,

von frunden und von magen,

3175   die dannoch lebendic waren.

do entphingen in die guden,   3140

sin vader und sin muder,

und entphingent ouch mit ime

die edelen kuniginne.

3180   do gabete [d]er [Grawe Roc] frouw Briden,

der schonsten ob allen wiben,   3145

mit sechzehen graven

und mit zwolf herzogen *zware.*

3161 So w. ich in h. uff disser erden *H.*   3162 b. und geschwinde *H.*   3163 Einen pr. *D.*   3164 den selben tauffe *D,* Das sy segeten die touben *H, vgl.* 2868. 3165 Mit touff und dem *H.*   3166 man do *D, vgl.* 2870. 3167 A. die h. die da w. *D, vgl.* 2871.   3170 Do der *D,* Also der *H, vgl.* 2874. *Nach* 3171 Vil wunderlichen schier *H.*   3172 er w. e. zu trier *H.*   3174 frembden vnd *D.*   3175 dennoch *D.*   3176 empfieng auch die gûte *D.*   3177 vnd auch *D.*   3178 In e. auch mit gûten synne *D.*   3179 schôn e. *D.*   3180 gebot *D H, vgl.* 201.   3181 *fehlt H.*   3182—83 S. herzouwen xii grofen sim wibe *H, vgl.* 2888*f.,* 2900*f.*   3183 Die da zû hoff waren *D, aber gemeint sind die H. und Gr., die sich Or. selbst ergeben haben, nicht Mannen seines Vaters.*

die wanten alle der mere,
3185 daz frouw Bride sin wip were.
do ruweten sie mit alle 3150
vierzehen dage also lange.
an dem funfzehenden dage sprach frouw Bride,
die schonste ob allen wiben:
3190 'here, mir gedroumte hinaht,
fur war ich daz sagen mac, 3155
du vil stolzer degen balt,
daz heilige grap stunde in der heiden gewalt.
edeler kunic schone und here,
3195 hilf mir wider uber den sewe.'
do sprach der kunic stede, 3160
daz er ez gerne dede.
do er daz wort *ie* vollen gesprach,
der engel ime under die ougen sach.
3200 er sprach: 'horstu, kunic Orendel,
mich hat got und sin muder zu dir gesendet, 3165
du salt den grawen roc nit me furen

3184 D. a. wolten wenen *D, vgl.* 3133 *u. ö.* 3186 m.
schalle *D,* ouch a. *H, vgl.* 365 *u. ö.* 3187 tag mit
grossem schalle *H.* 3188—97 *dafür nach abweichendem
Bericht* vermaint er sein hochtzeit . . . zu haben / schicket
er sich zů dem dritten male darzů. Vnd als er an das
beth trat / kam aber der Engel gotes vñ sprach. Hồr
künig Arendel / du solt diser hochtzeit lenger beiten / wañ
das hailig grab . . . steet alles wider in der Haiden hend
wann die / den du das beuolhen hast . . . vmb klains gůtes
willen haben sy es den hayden übergeben . . . *P, vgl.*
1831—36, 2932*f. Daß Br. träumt* (3190), *entspricht der* gotes
stimme (1460), *aber die beiden Flickverse* (3191*f.*), *gefolgt
von einem überfüllten, sind Schreiberwerk.* 3188 Am *H.*
3189 sch. aller wibe *H.* 3190 heutnacht *D.*
3193 stand *H.* 3195 das mer *H.* 3197 recht g. *D.*
3198 Ee er *H, vgl.* 834, 910, 1791, 1933. 3199 Einen
e. er vor jm s. *H, vgl.* 1836, 2883 *u. ö.* 3200 h. *fehlt*
D, vgl. 1837, 2884.

und salt in lazen in der stat zu Triere.
da wil got sin gerihte haben
3205 an dem jungesten dage,
da wil er an den stunden — 3170
zougen sine heilge funf wunden.'
do hiez er balde entspringen, — 3174
dri priester dar bringen.
3210 er verwurkte den roc vil harte
in einen steininen sarke . . .
er befalch ime Trier daz lant.
von dannen schiet der wigant.
mit ime fur [ouch] frouw Bride — 3180
3215 und ouch [der schone] meister Ise
und sine sune [ouch] bede,
die selben herzogen here.
sie zugen durch welhische lant
mit mangem kunen wigant. — 3185
3220 sie furent also schone
durch die guden stat zu Rome,

3205 Vnd den sünder wil er dar laden *H*.   3207
Zaigen alle s. w. *D*. *Nach* 3207 Die er durch unser sunde
hat entpfangen Durch frouwen und durch mannen Das
geschiet zu Josophat in dem tal So er würt richten uber
al *H*, *vgl. Vogt ZfdPh. 22 S. 490.*   3208 b. und ge-
schwinde *H*.   3209 pr. für sich br. *H*.   3210 Er
tet verwürcken d. growen r. *H, vgl. 81. Nach* 3211 *in ab-
weichendem Bericht* vn̄ beualch den ainem Bischoff / seinem
vater künig Anngeln gen Trier zů bringen *P. Anscheinend
ist ein Ausfall durch ein Bild veranlaßt, das schon in* *U
(vgl. Berger S. XXXIV ff.) an dieser Stelle gestanden haben
wird.*   3212 Er b. jn sim vatter und Tr. *H*.   3213 für
er dannen mit sechsz vnd dreyssig tausent mannen *P*,
vgl. 2433f., 2716f.   3214—19 *fehlen H*.   3217 h. bede
D, here *Ettmüller, vgl. 2990. Nach* 3217 Mit im fürent
die gůten Sein vater vnd auch sein můter *D*.   3218 d. die
welische *D*, durch wålsche land *P*.   3221 zu *fehlt H*.

daz wizzent ane zwivel:
[sie furen] uber daz wazzer *heizt* die Tiber,
do furent die selben heren zu hant   ₃₁₉₀
3225   schiere zu Pulle durch daz lant,
sie quamen zu Bare in die stat.
der Grawe Roc sine helde gebat,
daz sie bereitent die kiele
vil wunderlichen schiere.   ₃₁₉₅
3230   man hiez die kiele wol laden,
sie gaheten balde von dem stade,
sie zugent uf ir segele,
die kiele fluzzent ebene.
sie quament gein Ackers in die habe,   ₃₂₀₀
3235   als wir daz buch horen sagen.
do sprach der Grawe Roc:
'nu wundert mich, daz weiz got,
ob daz heilige grap stunde
in der heiden hande*n*.   ₃₂₀₅
3240   do sprach frouw Bride:
'here, die rede lant beliben!
heizent mir balde entspringen,
bilgerin cleider bringen,
ich wil wallen gein Jerusaleme in daz lant   ₃₂₁₀
3245   und wil sprechen, mich habe ein furste [uz]gesant,
der si gescheiden von dem libe,

3222—23 *fehlen H.*   3223 *vgl.* 3116.   3225 Durch
das Pülsche l. *H, vgl.* 3113.   3226 zu boüe *H.*   3227 sein
helden gebot *D*, bat *H.*   3230 Sy hiessent *H*, vil w. *D*,
vgl. 341, 2936.   3231 alle v. *H.*   3233 Ir k. *H.*
3234 gon *H.*   3235 dis *H*, mir es an dem bůch sage *D*.
3236 die künigin *P.*   3237 Das w. . . . wisz *H.*   3238 nun
st. *D*, stande *H.*   3239 bösen h. *H.*   3240 die edel
fr. *D.*   3242 Heysz m. nun *D*, b. und geschwinde *H*,
3243 Vnd mir bilgrams *D*, Min b. *H*, liesz . . . machen
Bilgrin klaider *P.*   3244 *Zur Versüberfüllung vgl.* 330.
3245 sagen ein f. hab m. *H.*   3246 d. *fehlt D.*
3247 Er w. *H.*

und wil biten, daz man in an schribe.'
frouw Bride leite an ir bilgrin gewant
und wolt wallen gein Jerusaleme in daz lant, 8215
3250 do begeinte ir der herzoge Daniel,
ein ritter biderbe unde her,
und ouch der kunic Wolfhart,
als ez an dem liede stat.
die zwene fingen frouw Briden, 8220
3255 *die schonsten ob allen wiben,* —
sie furten sie uber die wusten Babilonie
zu des kuniges Minoldes burge.
do er sie verren ane sach,
daz wort er gutlichen sprach:
3260 'sint gotwilkumen, frouw Bride, 8225
die schonste ob allen wiben,
nu sullent ir mich *minnen,*
e daz ir kument von hinnen.
ir sullent mich nemen zu eime man,
3265 so wil ich uch machen underdan 8280
uf diser wusten Babilonie
zwene und sibenzic kunige.
danne wil ich faren uber mere
mit eime kreftigen here

3244—47 *keine Entsprechung P, Echtheit unsicher.*
3248 *wie* 3808 *vermutlich aus kürzern Versen zusammen-
gezogen.*   3249 Vnd wallet *H, vgl.* 3809.   3250 der
fehlt H.   3251 vnd auch schnell *D.*   3253 gat *H.*
3254 Br. die künigin *H.*   3257 Miroltz *H,* Minelot
P, Zů der b. die künig Synoldes was *D, vgl.* 3398*f. Nach*
3257 Do er auch mit hausz auff sasz *D.*   3258 von
f. *D,* ver kumen *H,* ersach *P.*   3259 Dise w. *H.*
3260 wilkum *H.*   3261 sch. aller wibe *H.*   3262 mich
euer lieb lassen gewinnen *D,* Ir süllent fruntschafft mit
mier beginen *H, vgl. Vogt ZfdPh. 22 S. 489.*   3263 Ee ir
ymmer k. *D.*   3267 künigen *D.*   3268 Darnach *H,*
vgl. 3348.

3270	fur die guden stat zu Triere.
	die wil ich brechen und zufuren,
	den Grawen Roc wil ich fahen
	und an einen galgen hahen,
	meister Isen wil ich blenden,
3275	daz enmac in nieman erwenden.'
	do sprach frouw Bride:
	'helt, die rede laz bliben!
	du *enwoltest* dich dan lan doufen
	und an den waren Krist gelouben,
3280	wiltu dem nit werden underdan,
	ich nemen dich nummer zu eime man.'
	do sprach ein ritter hiez Princian:
	'volge mines rades, kunic lobesam:
	ez si nu ein dac gesprochen
3285	von hude uber sehs wochen,
	dar zuschen wil ich sie twingen,
	die stolzen kuniginne,
	daz sie dich neme zu eime man,
	oder wil des min houbt verloren han.'
3290	dem die juncfrouwe befolhen wart,
	der was vil gar des duvels art.
	er leite die maget here
	nacket in einen kerkere.
	da slugent sie die guden,
3295	daz ir daz rode blude

Marginal numbers: 3235, 3240, 3245, 3250, 3255, 3260

3270 zu *fehlt H.* 3271 br. schiere *H*, daselbst ich nemen will alles ... vnd das mit mir dannen fůrn. Aber vor wil ich die Stat zerbrechen *P.* 3273 in an *H.* 3275 enkan *D*, mag *H*, in *fehlt*, gewenden *H*, *vgl.* 3355, 3421. 3278 lassen *D.* 3279 geworen *H.* 3281 So wil ich d. nit nemen zu *H.* 3282 Magprentzean *P*, *vgl.* Ermuntell 2549, Genpar 3101. 3285 Von noch h. *D.* 3287 vil st. *D.* 3288 nimet *H.* 3289 ich w. min *H.* 3290 entpfolen *H.* 3291 w. vor hin d. *H.* 3293 n. *fehlt*, e. tieffen k. *H*, *vgl.* 3617. 3294 *vgl.* 3176.

uber den lip zu dale ran.
frouw Bride heize weinen began,   3263
sie sprach: 'himelischer here,
nu hilf mir miner ere,   3265
3300 daz ich mit minen sinnen
min ere von hinnen bringe.'
dem Grawen Roc sagete niemen die mere,
daz frouw Bride gefangen were,
wan ein armer wallender man,   3270
3305 der uz der heidenschaft entran.
do entphinc meister Ise
den waller schone und wise.
do er in von verren ane sach,
daz wort er gutlichen sprach: 3275
3310 'nu sage mir, [schoner] wallere,
weistu iht fremder mere?
oder von wannen bistu komen?
daz wil ich gerne han vernomen.'
er sprach: 'da lac ich gefangen   3280
3315 in dem heidenischen lande,
von dannen bin ich entrunnen
an disen selben stunden,'
also sprach der bilgerin:
'dise mere sullen war sin: 3285
3320 [er sprach] ez ist, here, hude mit alle

Nach 3295 Vber den leib zů tal flosz Vnd von ir auff
die erden gosz *D*.　　3296 Vnd über iren *D*, jren l. *H*,
daz das blůt von jr flosz *P*.　　3299 Behüt mier min e. *H*.
3301 gebring von h. *H*.　　3302 s. man *H*.　　3304 Den *D*,
Das det ein *H*.　　3306 e. wol m. *D*.　　3307 Ein w. *D*.
3308 in kumen *H*.　　3309 Vil tugentlich er zu jm sp. *H*.
3310 *fehlt H*, sag an *P*.　　3312 O. wo b. k. her *H*.
3313 Do sprach der waller Ich sag uch gern die mer *H*.
3315 In ainem *D*.　　3317 Zu den s. *H*.　　3318 Mer sp.
D, here *Ettmüller*.　　3319 Ich sag ioh mer die wor mag
s. *H*.　　3320 her es ist vere *H*.

sehs und zwenzic wochen lange,
daz der Grawe Roc, min here,
fur uber den wilden sewe
und mit ime frouw Bride,   3290
3325 die schonste ob allen wiben:
nu wirt zu Jerusaleme [von ir] gesungen
niwan in heidenisch*er* zungen:
ich sagen uch, here, daz weiz Krist,
daz daz heilic grap nu ist   3295
3330 umbsetzet ane allen spot
mit zwein und sibenzic abgot:
die muzent frouwen unde man
alle dage beden an.
ich sagen uch, lieber here,   3300
3335 noch me fremder mere:
[er sprach] frouw Bride ist gefangen
in dem heidenischen lande,
daz det der [edel] kunic Wolfhart
und der herzoge Daniel.   3305
3340 sie furten sie also gerihte,
da sie Munteval die burg wisten.
der wil sie ime betwingen,

3321 Sechzehen w. und nit mere *H.* 3322 R.
fur uber mer *H.* 3323 Vnd mit jm ein krefftig
her *H, vgl.* 3268*f.,* 3343*f., auch* 2897. 3324 Dar zu
ouch fr. *H.* 3325 sch. aller wibe *H.* 3326—27 Es
ward zů J. nye von ir g. Denn mit ainer haidenischen
z. *D*, Die ist zu J. gefangen Von den heidischen manen *H,*
wogegen 3336*f.* 3328 h. wisz *H.* 3330 sunder
sp. *H.* 3332 fraw vnd auch *D.* 3334 vch me
l. *H,* lieben herre *D (plur.?).* 3337 landen *D.*
3338 *D.* ist d. k. W. edel *D, vgl.* 3250—53. 3339 U.
h. *D.* der starck *H.* 3340 Die f. sy mit lüste *H.*
3341 Müntwol *D,* die gute b. *H, Ausfall od. urspr.*
des küniges Minoldes b. 3342 Dar inne wellent sy
sy b. *H.*

3310

die edelen kuniginne,
daz sie in neme zu eime man,

3345 so wil er ir machen underdan
uf der wusten Babilonie
zwene und sibenzic kunige.
danne wil er faren uber mere
mit eime kreftigen here   3315

3350 fur ein stat, heizet Triere,
die wil er zubrechen und zufuren,
den Grawen Roc wil er fahen
und an einen galgen hahen,
meister Isen wil er blenden,   3320

3355 daz mac ime nieman erwenden.'
do sprach der Grawe Roc:
'daz laz dich erbarmen got,
daz ich vil ellender man
der node so vil geliden han   3325

3360 durch willen miner sele,'
also sprach der degen here.
do sprach meister Ise:
'die rede lant bliben!
got wolte durch uns sterben   3330

3365 und ouch gemartert werden,
da mide erloste er frouwen und man.
gant an die kiele, degen lobesam!'
do gahete an die kiele [allez] daz da was,
die vil groze herschaft.   3335

3243 vil e. *D*, D. gute k. *H*.   **3351** Und w. sy brechen schiere *H*.   **3352** Vnd w. d. gr. r. f. *D*, Das land zerstorn und den Gr. R. f. *H*, *vgl*. 3272, 3354, 3418. **3353** U. in an *H*.   **3354** Vnd w. m. Eysen bl. *D*, *vgl*. 3274, 3420.   **3355** D. kan n. *H*, *vgl*. 3275, 3421. **3357** here Got *H*.   **3359** not ... erlitten *H*.   **3363** Herre die *D*, losz *H*.   **3367** Gend *D*, Do gohete an den kiel der tegen *H*, Nun wolt auff jr werden Christen *P*. **3368** Do giengend *D*, Und mit jm alles *H*, *vgl*. 359, 2940, 3231, 3800.   **3369** wol gr. *H*, *vgl*. 360, 2941.

sie zugent uf ir segele,
ir kiele fluzzent ebene.
do furent die [selben] heren
mit harte grozen eren
in einer cleinen wile
des weges sibenhundert mile.
sie quament an ein ror*ach*,
fur war ich daz sagen mac.
do sprach meister Ise:
'here, daz wizzent ane zwivel,
hie sullen wir nu uz gan,
daz dunket mich vil gut gedan:
hie musten wir ligen dusent jar,
e unser ieman wurde gewar.'
meister Ise und der Grawe Roc
die bereitent sich, daz weiz got.
do sprachen des Grawen Rockes man:
'here, sollent wir mit uch gan?'
'nein,' sprach meister Ise,
'ir sullent alle hie bliben,
wir muzen alderseine gan,
daz wizzent ane allen argwan.'
do schiedent sie alleine von dan,
die zwene degen lobesam.
sie gingent ane allen wert,

3375 wegen *D.* 3376 aines *D*, eines *H*, rores schlag *D H*, hynnder ainen hohen berg *P*, ein r. *Ettmüller; die Flickverse* 3377, 3379 *machen die Vermutung unsicher*, rorach: sprach*?* 3379 Ein hertzouw her und wise *H.* 3380 sollent ir *D*, w. uns setzen für wor *H.* 3381 *fehlt H.* 3382 W. m. h. *D.* 3383 man u. *H. Nach* 3383 Sy türen ouch nit kumen har *H.* 3385 die *fehlt*, s. in jre wot *H*, legten an / yeder ain Schwartze kutten über sein̄ harnasch *P*, *vgl.* 3530*f.* 3386 sprach *D.* 3388 sp. do *D.* 3389 a. nun *D*, also *H.* 3391 wan *H.* 3394 alle *H*, *gegen Berger* wer 3395, 3530*f.*

3395   sie drugen zwei scharphe swert.
do liefen sie alderseine
siben lange dageweide
uber die wusten Babilonie
gegen des kuniges Minoldes burge.   3365

3400   sie quament uf einen grunen plan,
da ruweten die heren *lobesam.*
do reit gegen in uzer der burge
zwene und sibenzic kunige.
under den furte man frouw Briden,   3370

3405   die schonsten ob allen wiben.
do sprach kunic Minolt daz,
sin zorn michel und groz was:
[er sprach] 'horent irz, frouw Bride,
daz wizzent ane [allen] zwivel: 3375

3410   ir sullent mich nemen zu eime man,
so wil ich uch machen underdan
uf diser wusten Babilonie
zwene und sibenzic kunige,
dar nach varn ich uber mere   3380

3415   mit eime kreftigen here
fur die guden stat zu Triere,
die wil ich zubrechen und zufuren.
den Grawen Roc wil ich fahen
und an einen galgen hahen,   3385

3420   meister Isen wil ich blenden,
daz enmac ime nieman erwenden.'

3395 Sy hettent *H*. 3396 Do gingent *H*.   3397 gantzer *H*, tag weyte *D*.   3399 synoldes *D*.   3401 h. auch dann *D*, fursten schon *H*, *vgl.* 1333, 3726.   3402 rittent *H*, *vgl.* 1566, 1869.   3405 sch. aller wibe *H*. 3406—09 *fehlen H*.   3410 mich loben *H*, *vgl.* 3264, 3344, 3490, 3636.   3412 w. *fehlt H*.   3413 k. und jr man *H*.   3414 so var *H*.   3416 F. ein st. heisset Tr. *H*. 3417 ich brechen schiere *H*, *vgl.* 3271, 3351.   3419 U. wil in an *H*.   3421 e. euch n. *D*, mag jm n. gewenden *H*, *vgl.* 3275, 3355.

daz erhorte der Grawe Roc,
er sprach: 'daz laz dich erbarmen, got!
und hede ich alle mine dienstman,   3390
3425   ich wolte sie mit [eime] stride bestan.'
do sprach meister Ise:
'die rede lant bliben,
vil stolzer degen lobesam,
nu warten, waz sie [wollen] fahen an.   3395
3430   der abent beg*unde* nahen,
die heren . . . . . .
ieglicher in sin herberge und hus,
da er des morgens was geriden uz.
do blibent alderseine   3400
3435   die zwene fursten reine.
furbaz gingent die [zwene] heren
mit harte grozen eren
gegen der heidenischen porten,
der plac ein kristen dorwarte.   3405
3440   der was von alder wiz als der sne,
sinen bart sach man uber die gurtel gen.
ime warent die strenge also lanc,

3423 her G. *H.*   3424 u. *fehlt H,* i. nun a. *D.*
3426 der gût m. *D.*   *Nach* 3426 Ein hertzouw her
und wise *H.*   3427 Herre die *D,* L. d. r. bl. vil gutter
man *H.*   3428 Und st. *H,* werder Hôlld *P.*   3429 Land
vns w. *D,* Lant uns lugen w. sy an w. f. *H,* bisz das wir
sehen was sy mitt jr begeen wôllen *P,* lobesam : began?
3430 ward sich n. *D,* beginet n. *H, vgl. P nach* 3527.
3431 h. kament gegangen vnd sahen *D, vgl.* 3444, h. sich
entranten Zu herberg sy do ranten *H.*   3430—33 Aber
der bôsz vngetrew Hayden Magprentzean der was listig /
vnd fûrt die frawen wider in die burg / wañ er hett villeicht
die zwen mañ ersehen *P.*   3432 Yederman solt in *D,*
I. in s. husz *H.*   3433 wer g. *D.*   3438 des heiden
p. hien *H.*   3439 Do p. e. Kristener portner zu sin *H.*
3440 Der pfortner wz *D.*   3441 über sin *H.*   3442 d.
oug brogen *H.*

daz er sie umb den helm bant.

do stunden die heren und wolten sehen,   3410

3445   an welhen got er wolte jehen.

der alt here bot uf sine hende,

er sprach: 'here, ich glouben an dine urstende,

und daz du durch minen willen ersturbe

und durch minen willen gemartert wurde,   3415

3450   [ich glouben daz] du bist got vader und [Jhesu]
                                 Krist,

ein here uber allez, daz da ist,

uber berg, dal und lufte,

daz stat allez in dinen kreften.

sit mich kunic Davit verdreip,   3420

3455   sit han ich not und arbeit

mit mime libe in gegan,

du weist wol, himelischer man,

waz mich arbeit ie an gegie,

daz ich die sele nie under wegen lie.'   3425

3460   do die zwene heren sahent daz,

daz der alt here kristen was,

do gruzten in die heren

mit harte grozen eren.

er fragte sie der mere,   3430

3465   wannen sie dar kumen weren.

do sprach meister Ise,

ein herzoge here und wise:

3443 want *H*.   3446 alte hub *H*, bot auff *P*.
3447 Er sp. durch din *H*, Herr ich glaub dein hailige
vrstend *P*.   3448 Ich glaub das *D*, vñ das du . .
(*abweichend*) *P*.   3448—49 *fehlen H P*.   3450 *zwei
Zeilen* I. gl. d. d. bist Got v. u. Krist *H*.   3451 uber
berg und tal *H*.   3452 lüfften *D*, Uber wasser und lufft
überal *H*.   3453 st. lieber herr a. *D*, diner kraft *H*. *Nach*
3453 Und in diner gotlichen meisterschafft *H*.   3454 der
k. *H*.   3455 So h. *H*.   3456 l. ie gehan *H*.   3458 gie *H*.
3459 s. vnter w. n. gelye *D*.   3461 alt man *H*, ein
cr. *D*, ain christ *P*.

'da warent wir gefangen
in eime heidenischen lande,　　　　　3435
3470　von dannen sin wir entrunnen
an disen selben stunden.
du ez durch den himelischen degen
und salt uns ein geleide geben
wider uber den wilden sewe　　　　　3440
3475　durch des heiligen grabes ere.'
do sprach der herzoge Achille:
'ir heren, wizzent durch godes willen,
ez ist umb uch ergangen:
siht uch min here, ir muzet hangen.'　　3445
3480　do sprach der herzoge Achille:
'dunt ez durch minen willen
und werbent mir ein botschaft
al durch die godes kraft
da hin gein Ackers in die habe:　　　　3450
3485　da sollent ir dem Grawen Rocke sagen
vil der leiden mere,
daz frouw Bride hie gefangen were.
[und] der kunic wil sie twingen
daz sie in sulle *minnen*　　　　　　3455
3490　und in neme zu eime man,
daz sie ime doch wol versagen kan.'

3465 Von w. *D.*　　　3470 Do von *H, vgl.* 3316.
3471 An den selbigen *D,* In d. selligen *H, vgl.* 3317.
3472 den haydenischen *D,* Got und unser leben *H.*
3473 U. hilff uns das uns geleit werd g. *H,* das jr vnß
belait *P.*　　　3474 das wilde mer *H,* durch disen tham
zûm wilden see *P, d. i.* sewes tran, *vgl.* 3635, *doch* 3550,
3586.　　　3476 künig A. *H.*　　　3477 vmb g. *D.*
3478—81 *fehlen H.*　　　3483 d. unsers hern kr. *H.*
3484 Nackers *H.*　　　3485 Das s. ir mir d. *D.*　　　3486 Auch
v. *D,* Gar v. *H.*　　　3489 sôlle lieb gewinnen *D,* Zu
wunderlichen dingen *H, vgl. Vogt ZfdPh. 22 S. 489.*
3490 Das sy in lob zu *H.*　　　3491 Aber sy im das w. *D.*
Nach 3491 *Verspaar ausgefallen* Ise : wise *od.* Roc : got?

'ich wil uch werben die botschaft
al durch die heren godes kraft.'
do der herzoge die rede vernam,   3460
3495   er wart ein froudenricher man.
er furte sie gedrade
in eine schone kemenade,
er rihte den heren einen disch,
er gap in fleisch unde fisch   3465
3500   und gap in alles des genuc,
daz daz ertrich ie gedruc
von brode und ouch von wine,
von manger hande spise.
er gap in alles des genuc,   3470
3505   als ein [gut] frunt dem andern dut.
er gap in wildez unde zam,
so erz allerbeste mohte gehan.
do die [selben] heren gesazen,
gedrunken unde gazen,   3475
3510   do sprach der herzoge Achille:
'nu dunt ez durch minen willen
und sument uch nit lange,
ir kunen wigande.
ich geben uch silber unde golt   3480
3515   und wil uch wesen ummer holt,
ich geben uch wat und richen schatz,
ir mugent ummer deste baz.'
do meister Ise die rede vernam,
uf stunt der degen lobesam,   3485

3493 Wol durch D, vgl. 3483, unsers hern kr. H.
3494 Als d. H.   3495 frölicher D, vgl. 2242, 2266, 3527.
3496 vil g. D.   3499 Er satzte in für das wisse crist
D, vgl. 1555.   3501—04 fehlen H, vgl. 1556ff.   3503 Vnd
v. D, vgl. 358, 1559.   3505 Das die erde ye getrůg D,
vgl. 3501.   3406 in bede w. D, vgl. 1560.   3507 imer
best m. han H, vgl. 1561.   3514—15 fehlen H.
3516 Vnd g. D.   3518 Also m. H.

3520 er sprach: 'kus mich an minen munt,
   ich bin diner suster sun,
   diner suster Elisabet.'
   also sprach der degen stet:
   'so ist der Grawe Roc min here,   <small>3490</small>
3525 des sin wir zwene degen bede.'
   do der herzoge die rede vernam,
   er wart ein froudenricher man.
   er furte sie gedrade
   in eine schone kemenade,   <small>3495</small>
3530 er sprach: 'nu ziehent ab gerwe
   uwer liehte wicgeserwe
   und slafent ane sorgen
   die naht biz an den morgen.'
   die wile was in nit zu lanc,   <small>3500</small>
3535 der herzoge zu der porten spranc,
   da lac ein schilt was breit,
   und ein swert, daz wol sneit.
   er was ein uzerwelter man,
   funf hundert heiden dorste er bestan.   <small>3505</small>
3540 morgens do ez aber dagete

3420—21 Er sp. du vil werder man Ich hör nun wol du
bist min an Und ich bin diner schwester sun Sprach der
tegen stoltz und kün *H*, jr solt mich vor kussen *P*.
3522—23 *fehlen H P.* 3524 ist das d. *D*, so ist der gr.
R. mein herr / wo aber der ist / das waiß ich nicht *P*.
3525 Das sprich ich wol mit ere *H*. 3527 Do w. er *H*,
nye frölicher *P*. *Nach* 3527 begund sich der tag naygen
/ vnd die nacht tzů nachnen *P*, *vgl*. 3430. 3528 sy aber
gar trade *D*. 3530 ab eüer gerete *D*, z. uch usz ger
we *H*. 3531 wis gewerbe *H*, Vnd habt allein eüer
geferte *D*, wic geserwe *v. d. Hagen, vgl*. 3544*f*., 3870*f*.
3532 nun on *D*. 3533 D. gantzen n. *D*. 3534 jm nit
l. *H, vgl*. 3687. 3536 der w. *H, vgl*. 3658. 3537 vil
w. *D, vgl*. 3659. 3539 getorst *H, vgl*. 1200, 2683.
3540 Des m. da es was worden tag *H, vgl*. 1598.

und er ouch sinen willen habete,
do ginc er vil gedrade
zu der selben kemenade,
er sprach: '[ir heren] nu legent an ge*rwe*   3510
3545 uwer liehte *wic*geserwe,
so wil ich gan uber den hof gedrade
zu des kuniges Minoldes kemenade
und wil in biten durch den himelischen degen,
daz er uch ein geleide wolle geben   3515
3550 wider uber den wilden sewe
durch des heiligen grabes ere.
vil lihte verzi*h*et er mir der bede,
so antwurten ich ime da mide,
sam mir daz heilige grap,   3520
3555 ich geben ime uf alle eide, die er mir gap.
[er sprach] *und* horent ir, stolzen helde gut,
mich in dem huse mit grimmem mut,
so kument mir zu helfe dar in,
als liep uch got und Maria si!'   3525

3541 er s. w. auch h. *D*, ouch wol ... hat *H*.   3544 an
gewer *D*, sp. jr fromen here *H*.   3545 Alles eüer l.
seidenserwer *D*, Nun leget an üwr gewere *H*, *vgl.* 3530*f.*,
3870*f.*   3547 Miroltz *H*.   3548 euch b. *D*, Ich w.
in b. von minen wegen *H*, vmb gottes willen *P*.   3549 w.
ein gel. *H*.   3550 das wilde mer *H*, über môr *P*, *vgl.*
3474, 3586.   3551 vil h. *H*.   3552 erzaiget er m.
sein b. *D*, versagt *H*, so ertzaigt er mir sein alte syt *P*,
Verzihet hi mich miner bede *Ettmüller*, mir der *Berger*,
vgl. Einl. S. VIII.   3553 Er sprach ich entwerde *D*, im
an der stet *H*, so lasz ich nicht ich antwurdt jm auch kurtz *P*.
3554 Summer *D*, Symer *H*, vil h. *D*.   3555 a. die *H*,
rede so er *D*, vñ ob ich jm halt tausent Ayd geschworn
het / so mûsen sy all zerbrochen werden *P*; *der urspr.
Wortlaut ist unerreichbar*.   3556 h. vil st. degen herre
vñ g. *D*.   3557 Vñ hôrent ir mich *D*, Mich mit grimk-
lichem *H*; *ähnliche Überfüllung* 1766, 3730*f.*   3558 d.
bey *D*.   3559 vch sy die himelsch künigin *H*.

3560	do sprach der Grawe Roc:
	'ich sagen uch here, daz wizze got:
	ich komen uch zu helfe in dem hus,
	und wer der duvel dar in, er muste her uz.'
	do ginc er uber den hof gedrade
3565	fur des kuniges Minoldes kemenade.
	[do er in von verren ane sach,
	gerne mugent ir horen, wie er sprach.]
	do sprach der kunic Minolt:
	'ich bin dir von ganzem herzen holt,
3570	bis wilkumen, herzoge Achille!
	du ez ummer durch minen willen,
	die stat mir in eren halt,
	du vil stolzer degen balt:
	mir ist gedroumet hinaht,
3575	fur war ich daz sagen mac,
	ez queme uber mer geflogen har
	ein rabe und ein adelar,
	die wolten mir mine burg *schiere*
	von oben unz niden *zufuren*.
3580	do sprach der herzoge Achille:
	'ir wurdent nie keiner undruwe von mir inne.
	ich han uch gedienet, daz ist war,
	volleclichen zwei und sibenzic jar:

Marginal line numbers (right column): 3530, 3535, 3540, 3545

3561 H. i. s. u. on allen spot *H*.   3563 musz *H*.
3564 u. d. h. *fehlt H*, *vgl.* 3546.   3565 Miroltz *H*.
3566 jn herkumen s. *H*, von Erst ansach *P*.   3568 Mirolt *H*.
3569 So sig mier Got von himel holt *H*.   3570 B. Got
w. A. *H*.   3572 du m. *D*.   3574 heint die nacht *D*.
3576 kamen *H*.   3577 vnd auch *D*.   3578 *D*.
brechen m. m. b. nider *D*, wollent brechen m. m. b. *H*.
3579 Das ich nymmer kan gemachen wider *D*, n. sy
gebrochen wurt *H*, die zerfůrten mir mein reich gantz
vñ gar vnd der Rap biss mir mein haupt ab *P*, *vgl.* 3271,
3417 schiere: zufuren; rabe: abe?   3581 Herr wo w. ir
ye kein *D*, jr seyt . . . kainer vntreü von mir gewar
worden *P*.

vil richer konic schone,   3550

3585 daz saltu mir noch hude lonen.
mir sint kumen uber den wilden se
miner suster sune zwen.
do biten ich dich und fregen,
ob du in wollest ein geleide geben.'   3555

3590 do sprach der kunic Minolt:
'ich wil dir ummer wesen holt.
heiz herfur gan die bilgerin,
also liep als ich dir si.'
do er sie von verren ane sach,   3560

3595 gerne mugent ir horen, wie er sprach:
'sint wilkomen, ir wallenden man,
war hant ir den Grawen Roc gedan
und meister Isen den vischere?
nu sagent mir die rehten mere!'   3565

3600 do antwurte ime meister Ise:
'here, daz wizzent ane zwivel,
noch kunden wir uns nit verstan,
nach wem ir daz fragen hant gedan.'
do sprach aber der kunic Minolt: 3570

3605 'so werde mir uwer keiner [nummer] holt!
nach uch zwein ich gefraget han,
ez muz uch an daz leben gan:
ir muzent bede hangen.
waz schaffent ir in minen landen?'   3575

3587 auch zwe *D*, zwennee *H*.   3588 Thů es durch
den himelischen degen *D*, den bitt ich vmb gelait *P*, *vgl.*
3472, 3548.   3589 Vnd solt in auch e. gel. g. *D*, ein
fehlt H, *vgl.* 3473.   3590 Mirolt *H*.   3592 Und heisz *H*.
3593 d. bin *H*, So heisz sy gotwilkummen sein *D*, *vgl.*
3559.   3594 *nach* 3595 *H*.   3594 Also er sy kumen
s. *H*.   3595 Nun horent w. *H*.   3597 Wo *D*.
3598 d. alten f. *D*.   3601 sunder zw. *H*.   3602 Darnach
künent *H*.   3603 die frage *H*.   3604—07 *fehlen H*.
Nach 3607 Vnd ist auch vmb euch ergangen *D*.   3608 Er
sprach jr *H*, auch b. nun h. *D*.   3609 *fehlt D*.

3610   do sprach ein ritter, hiez Princian:
         'volge mines rades, kunic lobesam:
         nu heiz *dir* balde entspringen,
         frouw Briden her fur bringen.
         erkennet sie die bilgerin,   3580
3615   so heiz sie gotwilkumen sin.'
         man nam die maget here
         nacket uz dem kerkere.
         do cleite man frouw Briden
         mit peller und mit side,   3585
3620   man furte die maget lobesam
         fur den kunic Minolt stan.
         do sie der kunic ane sach,
         daz wort er gutlichen sprach:
         [er sprach] 'horent irz, frouw Bride,   3590
3625   die schonste ob allen wiben,
         entphahent wol die [zwen] wigant,
         die hat uch der Grawe Roc gesant.'
         die vil minnicliche juncfrouwe
         begunde die heren ane schouwen,   3595
3630   sie wincte *in* also dougen,
         sie sprach: 'ich gesach sie nie mit ougen.
         sich here, ob ich nu bi dir seze

3610—11 *fehlen H.*   3610 Magprentzean *P.*
3612 Do hiesz er *D H*, du heiz dir *Ettmüller*, nun *Berger*,
b. und geschwinde *H.*   3613 Vnd hiesz fr. *D*, fürer *H.*
3614 Vnd e. *D.*   3615 Sy heisset *H*, er solt sy
auch wol empfahen doch nur zů ainem schein *P.*
3617 d. tieffen k. *D, vgl.* 3293.   3619 vnd auch *D.*
3620 vil l. *D.*   3621 Mirolt *H.*   3622 den k. *H.*
3623 Dise w. er g. zu ir sp. *H*, grymmigklichen sarach *D.*
3624 jr *H.*   3625 *fehlt H.*   3626 die lüyde *H.*
3627 hat har g. d. Gr. R. Das wissent ane spot *H.*
3629 h. auch sch. *D.*   3630 w. den herren *D*, Sy
wincktent jr tougen *H.*   3631 nit m. *H.*   3632 Und
sprach ob *H.*

und mit dir drunke und eze
und lobte dich nemen zu eime man,   3600
3635   woltestu *sie* lazen uber *des meres tran*?'
do sprach der kunic Minolt:
'und were dise burg silber und golt,
die wolte ich in machen underdan,
ob ir lobtent mich nemen zu eime man.'   3605
3640   sie sprach: 'ob ich bi dir seze,
und mit dir drunke und eze
und ich dich kuste an dinen munt,
und queme der Grawe Roc der degen junc
zu uns in daz hus ingan,   3610
3645   [nu sage] wie muste ez umb sin leben stan?'
do sprach der kunic Minolt:
'*were iht wirsers danne* der dot,
d*az* muste er ouch liden,
daz wizzent ane [allen] zwivel.'   3615
3650   sie sprach: 'daz verbiede mir got,
der an dem kruze *wart* gemarterot,
daz ich ummer verkiese den ersten man,

3633 trinck *H*.   3634 d. neme *D*, d. lobt für einen
H, vnd gelobt dir / dich zu nemen tzů ainem mañ *P*, *vgl.*
3264, 3344, 3410, 3490.   3635 W. die l. faren über
den than *D*, W. die hern l. gan *H*, woltest du die Bilgrin
on schaden über môr zyehen lassen *P*, *vgl. P zu* 3474,
liezes dus ubir des meres tran *Ettmüller*.   3636 Mirholt *H*.
3638 ich üch *H*.   3639 Woltent *D H*, ir mich n. *D*,
jr mich loben für einen *H*, *vgl.* 3634.   3640—41 *fehlen H*.
3642 Sy sprach k. ich vch an uwrn m. *H*.   3643 dañ
der *D*.   3644 Do sag mier künig wol getan *H*, zů der
thür herein gienge *P*.   3645 nu s. *fehlt H*, w. solt ...
vnser l. *D*, wie můst es jm ergeen *P*.   3647 So wisz das
im weger wer d. t. *D*, So wer jm weger d. t. *H*, wår ichts
wirsers dañ der tod *P*, *vgl.* 3779.   3648—49 *fehlen H*,
mit Bedacht!   3648 Den *D*, *vgl. aber D* 3780.   3650 im
G. *H*.   3651 Der sich an das kr. gemartert gab *D*, kr.
leit den tot *H*.   3652 kyese d. aller e. m. *D*.

den ich uf ertriche ie gewan.'
do der Grawe Roc ersach,   3620
3655 daz er vermeldet in dem huse was,
der Grawe Roc, der wigant,
gar balde fur die porten spranc.
er ergreif einen schilt, was vil breit,
und ein swert, daz wol sneit.   3625
3660 vil lude rief er in daz hus:
'kunic, hie gat ein enge dur uz,
die han ich dir verstanden,
der duvel *en*drage dich dannen [von min̜en
                                                    handen],
so mustu kiesen den bittern dot.'   3630
3665 do verzagete der kunic Minolt.
der kunic wiste einen durn gut,
vil balde er sich dar uf gehup.
nach ime spranc der Grawe Roc,
daz sagen ich uch, daz weiz got.   3635
3670 nach ime spranc frouw Bride
und ouch meister Ise,
nach ime spranc herzoge Achille   —
durch des *heiligen* grabes willen.   —

3653 D. fraw Breyd *D*, ich by minen tagen ye *H*.
3654 e. das *D*, Do sich d. Gr. R. vermasz *H*.
3656—57 D. Gr. R. für d. p. sp. *H*. *Nach* 3657 Und
sparte das ouch nit lang *H*. 3658 Er erwüste e. sch.
br. *H*. 3659 vil w. *D*. 3660 rufft *H*. 3661 port
H, Trier *P*. 3662 dir nun hie *D*. 3663 targ *H*.
3664 Du m. liden *H*. 3665 Minot *H*. 3667 v. *fehlt*
D, hub *H*. 3668 Do sp. in n. *H*. 3669 uch on
allen spot *H*. 3671 Vnd auch der gût m. *D*.
3672 *fehlt D H*. 3673 *fehlt H*, Er wolt in bestan durch *D*.
3670—73 auch hertzog Achill vnd hertzog Eysz / do woltte
auch die künigin nicht hinder jn beleyben / sonder sy
vermainten jr leben vmb gotts willen bey jrem herrn zů
lassen *P*, *vgl*. 3759.

daz ersahent ab der wusten Babilonie
3675 zwene und sibenzic [heidenischer] kunige,
do wart der Grawe Roc bestanden   3640
in der wilden heiden landen.
sine lude wisten nit der mere,
daz ir here [in dem lande] bestanden were,
3680 belegen und ouch gefangen
in der argen heiden landen . . .   3645
die kunigin sant Marie
. . . . . . einen brief schreip,   —
den furte ein durteldube gemeit,
3685 sie brahte in uf denselben [stunden und] dac,
da des Grawen Rockes here lac.
die wile wart nit zu lanc,   3650
ein priester sine messe sanc.
do schuf die here godes kraft,
3690 daz die durteldube die botschaft
liez fallen dem priester uf den altar,
also daz buch noch saget vor war.   3655

3674 aber die *D, zwei Zeilen* D. e. aber der W. Babi-
lonier *H, vgl.* 2604; die warn all nahend bey jm gesessen
zů der wůsten Babilonia *P.*   **3675** s. tusent heidischer
man Mit den mustent sy einen schonen strit han *H.*
3678 Des grawen rockes l. *D,* Des Growen Rocks l. *H,*
nit die *D,* alles jr volck (*vgl. H* 3715) so sy hinder dem
berg gelassen hetten (*vgl. P zu* 3376) weszt nicht . . . *P.*
3680 auch bestanden *D, vgl.* 3709.   **3681** der wilden *H,*
vgl. 3710.   **3682** Bisz das die *D,*   **3682—83** *eine
Zeile* D. k. M. e. br. sch. *H,* Do sandt Maria . . . aiñ brieff
P; vermutlich etwa daz begunde erbarmen die frie die
kunigin sant Marie vil balde sie einen br. sch., *vgl.* 23,
381, 696, 812, 1396, 2051, 2830, 3705.   **3685** uff die
stund u. t. *H.*   **3687** wert nit l. *H, vgl.* 3534.   **3689** des
h. *D,* Und bat das in hulff die G. *H.*   **3691** des pr. *D.*
3692 Als mir d. b. hôren sagen f. *D,* A. dis b. noch in
haltet *H.*

do er den brief uf brach,
da*z* evangelium er *nit uz* gesprach.
3695 daz geschach sit noch e
und geschiht ouch nummer me:
und sehe ein priester daz munster brinnen, 3660
er sal sine messe vol singen.
daz endet der priester niet,
3700 also kundet uns daz liet.
do er den brief uz gelas,
er begunde weinen unde sprach: 3665
'uns gebudet nu her *n*idere
der ware Krist von himele
3705 und ouch sin muder die frie,
die kunigin sant Marie, —
daz wir erkenneten da bi,
daz der Grawe Roc bestanden si, 3670
belegen und gefangen
3710 in der argen heiden landen.
wer dem Grawen Rocke bi gestat,
des sal werden gut rat.
dar zu ist ime got 3675
unde sin muder holt.'

3693—94 *fehlen H.* 3694 Dem e. er ab g. *D, vgl. Bergers Anm.,* hort . . . auff / vnd lasz das Ewangelium nicht gar ausz *P.* 3695 weder s. *D.* 3696 sol auch geschehen *D.* 3697 ein m. *H.* 3698 So sel er s. m. v. bringen *H.* 3699 det diser *H.* 3700 u. dis gerieeht *H.* 3701 uff gebrach *H.* 3703 Vnd g. im h. wider *D,* n. von jnen *H, vgl.* 820, 1020, 1406 *u. ö.* 3704 gewore Got *H.* 3705—06 *eine Zeile D H,* s. m. sant M. *D,* Vnd Maria s. m. d. fr. *H.* 3707 mir die mer e. *D,* w. mörcken sollen do *H.* 3709 vnd auch *D,* gefangen vnd vmbgeben *P.* 3710 lande *H, vgl.* 3681. 3711 W. nun *H.* 3712 vil g. *D,* guter *H.* 3713—14 *eine Zeile D.* 3714 Von himel h. on allen spot *H; der echte Wortlaut ist unerreichbar.*

3715   der des volkes meister was,
        daz heildum bant er an den schaft,
        do reit er zu aller forderost,
        er was den heren allen ein drost.   3680
        sie rident holz und heide
3720   siben lange dageweide,
        als wir daz buch horen sagen,
        daz riden sie allez in zwein dagen:
        uber die wusten Babilonie   3685
        fur des kuniges Minoldes burge.
3725   sie quamen uf einen grunen plan.
        die . . . . . heren lobesam   —
        da ruweten *sie mit* alle
        dri dage also lange,
        und an dem vierden morgen   3690
3730   do gingen sie [zu stride] mit sorgen   —
        zu eime stride vil herte
        mit iren scharphen swerten.
        vor der burg hup sich angest und not,
        der kristen lagent funf dusent dot.
3735   [der heiden ahtzehen dusent ouch]   3695
        al die wile der Grawe Roc slief,
        unz ime die godes stimme rief,
        sie sprach: 'horstu, kunic Orendel,
        mich hat got und sin muder zu dir gesendet

3715 des hofes *D, vgl. P zu* 3678.   3716 Der b. den brieff an *H.*   3717 Vnd r. do *H, vgl. Bergers Anm.* 3718 der h. aller probest *H.*   3719 weyde *D.* 3720 langer *H,* tagweyte *D.*   3722 reitten *D.*   3723 B. die furt *H.*   3724 das k. Meynolt *D.*   3726—27 *eine Zeile D H,* D. h. r. a. da *D,* Do r. d. h. l. *H, vgl.* 1332*f.*; 365, 1867, 2382 *u. ö.*   3728 Vnd logent do dr. t. verborgen *H.*   3730 Do griffent *D,* 3730—31 G. sy zu str. hertten *H,* giengen sy zu stund zů sturm *P.*   3735 Vnd der *D.*   *Nach* 3735 Der Grog Rock das verzouch *H.* 3736 Dan d. Gr. R. al d. w. schl. *H.*   3737 Bisz das im *D.*   3738 Die sp. *D.*

3740   und heizet dir da bi sagen,
        daz dir funf dusent [man] sint erslagen.'
        [vor der burg ist angst und not,
        der heiden sint ahtzehen dusent dot]
        do sprach der Grawe Roc:
3745   'daz laz dich erbarmen, got,   3705
        daz ich nit wiste die mere,'
        also sprach der degen here.
        [er sprach] 'kumen wir nu von disem hus,
        so entrinnet uns der kunic heruz.'
3750   do sprach frouw Bride: 3710
        'helt, die rede laz beliben!
        heiz dir balde springen,
        mir ein gut swert bringen,
        so standen ich uzen vor daz dor,
3755   ich enlazen nieman uz noch vor: 3715
        ich *en*slahe ime daz houbet von dem libe,
        daz wizzent ane allen zwivel.'
        der Grawe Roc, der wigant,
        liez sich selbdrit her nider zu hant
3760   in die heidenische schar.   3720
        sie wurden sin vil schiere gewar.
        meister Ise daz swert uf hup,
        dem portner er daz houbt ab sluc.
        die porte die wart uf gedan,
3765   *und allez volc* wart in gelan.   3725
        in der burg hup sich angst und not,

3740 ouch do *H*.   3745 her G. *H*.   3746 dise m. *D*.
3747 a. *fehlt H*, d. iung vnd h. *D*.   3748 usz d. *H*.
3752 H. auch die b. *D*, b. und geschwinde *H*.
3753 E. g. rosz dar br. *H*.   3754 an d. *H*.   3759 Machte
sich s. dr. hinder sy zu lant *H*, mit jm die künigin /
hertzog Achill vn̄ hertzog Eysz *P*, *vgl.* 3670*ff*.   3760 vil
h. *H*.   3761 gar sch. *H*.   3762 gehup *H*.   3764 p.
w. *H*.   3765 Der grawe rock *D*, Der Groge Rock *H*,
liesz alles sein volck tzů jm ein *P*, u. a. v. *Berger*.

sie slugent mangen heiden dot,
die dem [heilgen] grabe nit wolten sin underdan,
die musten den lip verloren han.
3770 der Grawe Roc hiez balde entspringen,   3780
den kunic Minolt her fur bringen.
do in der Grawe Roc ane sach,
gerne muget ir horen, wie er sprach:
'wiltu dich lan doufen
3775 und an den waren Krist gelouben   3785
und gode [*und dem heiligen grabe*] werden under-
dan ?   —
oder du must den lip verloren han.'   —
do sprach kunic Minolt:
'were *iht wirsers danne* der dot,
3780 daz wolte ich [allez] gerne liden,
daz wizzent ane allen zwivel.'
meister Ise daz swert uf hup,   3740
dem heiden er daz houbt ab sluc.
er sprach: 'wie nu, heidenischer man?
3785 du hast uns vil zu leide gedan.'
do wurdent die erlichen geste
wirte in der veste   3745
an brode und ouch an wine,
[und ouch] an manger hande spise,
3790 an silber und ouch an golde,

3767 zů tod *D, vgl.* 3903.   3769 Daran m. sy *H.*
3770—77 *fehlen H.*   3774 tauffen l. *D.*   3775 g. han
D, vgl. 2618, 2802, 2860, 3150.   3776 Wilt du aber
g. nit w. *D.*   3777 So můstu den *D.*   3776—77 got
vnd dem hailigen grab vnderthånig werden / oder du
můst sterben *P.*   3778 der k. *H.*   3779 So wer vns
vil weger der *D,* Er wolt jn jmer geben golt *H,* wåre ichts
würsers oder hårbers dann der tod *P, vgl.* 3647.
3780—81. Das sy in liessent leben Er wolt jn sin rich alles
geben *H.*   3782 sin schw. *H.*   3784 Do sp. er *H.*
3787 der selben *D.*   3788 On br. . on w. *D,* ouch *fehlt H,*
vgl. 357, 2938 *u. ö.*   3789 on *D.*   3790 on g. *D.*

wie ez die heren haben wolden.
do sie da gesazen, 3750
gedrunken unde gazen,
meister Ise, der wigant,
3795 die wile nam *er* einen brant
und zunde an die *wusten Babilonie,*
die het zwene und sibenzic [heidenischer] kunige. 3755
do die burg al verbran,
uf hubent sich die heren lobesam.
3800 do kerte zu rosse [allez] daz da was,
die vil stolze herschaft.
sie zugent uf ir segele, 3760
ir kiele fluzzen ebene.
do furent die [selben] heren
3805 mit harte grozen eren.
sie quament gein Ackers in die habe,
als wir daz buch horen sagen. 3765
do leite frouw Bride an ir bilgrin gewant,

3791 wolt *D.* 3792—93 *eine Zeile D H,* vnd auch
D, Do sy nun trunckent u. g. *H, vgl.* 1831*f.,* 2878*f.,*
3906*f. Nach* 3793 Vnd burg und lant besossent *H.*
3794 d. helt vnd w. *D,* Die wil het m. *H.* 3795 Der
n. e. br. in die hand *D.* 3795—98 Zwen und lxx
heidischer künige verbrant *H.* 3794*ff.* Die weil gieng
Hertzog Achill / nam aiñ grossen brandt vnd zundt
allenthalben an / vñ verbrannt das gantz Babilonj / die
sich aber wolten lassen tauffen (*vgl.* 3774*f.*) die namen
sy mitt jn . . *P.* 3796 die selben burg *D.*
3797 heydenischer thurn *D.* 3798 aller *D.* 3799 l.
fehlt H. Nach 3799 Mit hart grossen eren *H.*
3800 *vgl.* 3896, *urspr.* swaz. 3801 v. grosse *D,* st.
ritterschafft *H, vgl.* 360, 2941, 3369, 3897. 3803 k.
gingent *H.* 3805 Zu land m. gr. *H.* 3806 Do sy k.
gon Nackers an das lant *H, vgl.* 3234. 3807 mir es *D,*
Also w. es an dem buche hant *H.* 3808—09 l. sich fr.
Br. an in bilgers wat Sy waltent g. J. in die stat *H,* legt
aber Bilgrin klaider an / gab auff / leüt vnd land / vnd wolt

sie wolte wallen gein Jerusaleme in daz lant.
3810   sie sprach: 'kumen ich under die porte,
richer kunic, so lebe an vorhte,
so kumt daz grap *unsers heren*   } 3771
uz dime dienste nummer mere.'
do schiet die maget von dannen
3815   von den werden dienstmannen.
do ginc sie also gerihte,
da sie die burg zu Jerusaleme wiste.   3775
die porte wart uf gedan,
frouw Bride wart in gelan.
3820   do ginc die maget al zu hant,
da sie daz grap unsers heren vant.
sie opperte in daz heilige grap,   3780
da got vor unser sunde inne lac.
sie opperte uf die dri nagel,
3825   die *ime* durch hende und fuze wurden geslagen,
sie opperte uf daz sper und die krone,
die got druc zu siner marter frone.   3785
daz ersach ein helt hiez Durian,
ime was frouw Bride wol erkant.
3830   do ginc er also gerihte,
da er den kunic Wolfhart wiste.
do er in verren ane sach,   3790

---

also geen in das ellend *P, vgl.* 3244, 3248*f., zur Versüberfüllung vgl.* 330.
    3810 kem *H,* ich nun *D.*   3811 lebt ich *H.*
3812—13 Vil edler künig vnd auch herr So k. d. gr.
ausz deinē d. n. *D,* Es kem usz dim gewalt n. me Richer
künig und herre *H, vgl.* 3821.   3814 Die sch. *H.*
3816 gericht im luste *D,* Vnd gieng do mit lüste *H, vgl.*
64, 1656, 1845 *u. o., Berger zu* 62.   3820 al *fehlt H.*
3821 das heilig gr. v. *H.*   3822 d. minnigklich gr. *D.*
3823 G. selber i. *H.*   3825 D. Got *H,* D. got d. sein
h. *D.*   3826 daz, die *fehlen H.*   3828 Ducian *H.*
3829 Dem *H,* vil woll *D.*   3830 er mit lüste *H.*
3832 von f. *D,* ver kumen s. *H.*

daz wort er gutlichen sprach:
'here, waz gebestu dem zu miede,
3835 der dir frouw Briden verriede
und dir brehte gefangen frouw Briden,
die schonsten ob allen wiben?'   3795
er sprach: 'ich gebe ime silber und golt
und wolte ime ummer wesen holt.'
3840 do ginc er also gerihte,
da er frouw Briden wiste,
er furte sie also gedrade   3800
vor des kuniges Wolfharts kemenade.
do er in verrest ane sach,
3845 nu horent, wie er sprach:
'nu sint wilkumen, frouw Bride,
die schonste ob allen wiben!   3805
nu sullent ir mich *minnen*,
e daz ir kument von hinnen.'
3850 do sprach frouw Bride:
'helt, die rede laz beliben!
du salt mir lazen minen magedum   3810
und minen werltlichen rum
und dar zu alle mine [hus]ere,'
3855 also sprach die maget here.
der kunic hiez balde springen,
ime ein slafdrinken bringen.   3815
Durian, der [schone] wigant,

3833 Nu horent wie er zu jm sp. *H.*   3835 dir *fehlt D.*
3837 sch. aller wibe *H.*   3839 wil *D.*   3840 er mit
lüste *H.*   3843 Meynolts *D.*   3844 in zu im kumen
s. *H.*   3845 er auch *D.*   3847 sch. aller wibe *H.*
3848 mich eüer hulde lassen gewinnen *D,* jr früntschafft
mit mir beginnen *H, vgl. Vogt ZfdPh. 22 S. 489.*   3849 Ee
ir ymmer k. *D, vgl. 2467.*   3850 die schôn fr. *D.*
3854 a. *fehlt H, vgl. 1965.*   3855 Das wil ich vergessen
niemer mere *H.*   3856 h. im geringe *H.*   3857 Ein
gut schl. *H,* schlafftrunck *D,* jm schlafftrincken bringen *P.*
3858 Dion *H.*

brahte ime ein slafdrinken zu hant.
3860 do der heiden gedranc,
do seic er nider uf die banc.
Durian daz swert uf hup, 3820
daz houbet er ime abe sluc.
er sprach: 'wie nu heidenischer here,
3865 sie muz maget bliben ummer mere.'
er nam frouw Briden bi der hant,
er furte sie uber den hof zu hant 3825
vil wunderlichen gedrade
in eine schone kemenade.
3870 er sprach: 'nu legent an gerwe
[allez] uwer lieht wicgeserwe,
ob die heiden [umb den kunic] rede wollen han 3830
und uns mit stride wollen bestan.'
frouw Bride sich begurte,
3875 iren lip sie wol bewarte.
do leite sie uber ire bein
vil mangen herten stahelzein, 3835
sie leite uber ire bruste
eine liehte brunige veste.
3880 frouw Bride sich begurte
mit eime guden swerte,

3859 ime *fehlt H*, schlafftrunck *D*. 3860 Also der
H, nun g. *D*, genug g. *H*, des getranck *P*. 3861 sang er *H*.
3862 Dion d. s. er u. *H*. 3863 Vnd im d. h. *D*.
3870 fraw Breyd leg *D*, uch an *H*. 3871 Als ... weit
g. *D*, wat gewerbe *H*, w. v. d. Hagen, *vgl*. 3531, 3545.
3872 die heren und des künigs man *H*. 3873 wolten
H, Das wir sy mügen m. str. b. *D*. 3872—73 vnd redten
zů ainander / wollen vnß ettlich Hayden besteen sy müssen
die leib daran wogen / doch wollen wir jn ... ain weil
vorsteen *P*, *vgl*. 3661*f*. 3874 Br. die zart *H*.
3876—3877 *fehlen H*. *Nach* 3876 Vil wunderlichen getrate
In einer schone kemmenate *D*. 3878 Vnd l. auch
über *D*. 3879 l. brinnende f. *D*.

sie sazte uf ir houbet   3840
einen helm was wol gebouget.
vil schiere die maget lobesam
3885 einen schilt zu den armen genam.
do ginc sie ane forhte
uber den hof zu der porten.   3845
frouw Bride ir swert uf hup,
dem portner sie daz houbt ab sluc.
3890 die porte wart uf gedan,
dar under stunt die maget lobesam.
frouw Bride sich genante,   3850
dem Grawen Rocke sie boden sante,
sie hiez ime sagen mere,
3895 daz daz heilige grap gewunnen were.
do kerte zu rosse [allez] daz da was,
die vil stolze herschaft.   3855
sie riden vil schiere
vor die burg *zu* Jerusaleme.
3900 die porte wart uf gedan,
der Grawe Roc wart in gelan.
in der burg hup sich angst und not,   3860
sie slugent mangen heiden dot.
die *ime* nit wolten werden underdan,
3905 die musten [al] den lip verloren han.
do sie da gesazen,
gedrunken unde gazen   3865
und der Grawe Roc solte gan slafen
mit frouw Briden in eine [schone] kemenade:

3883 h. wol gepawte *D*, beloubet *H, vgl.* 1003 *u. ö.*
3885 nam *D*, gewan *H, vgl.* 1687, 2100.   3888 das
schw. *H*.   3892 bekante *H*.   3896 zu hoff *H, vgl.*
3800.   3897 *D*. h. was nit lasz *D*, ritterschafft *H*.
3898—99 *fehlen H*.   98 sch. als in gezem *D*.   3902 angt *H*.
3903 zů tod *D, vgl.* 3767.   3904 *D*. dem grab *D, D*. dem
grogen Rock *H*, vnd ward jm alles vnderthon *P*.
3905 allen *D*.   3908 s. schl. getrate *H*.   3909 einer
schonen *H, vgl.* 1834, 2881.

3910	do er an daz bette gedrat,
	der engel ime under die ougen sach.
	er sprach: 'horstu, kunic Orendel?
	mich hat got und sin muder zu dir gesendet,
	daz du keiner slahte minne
3915	mit frouw Briden salt beginnen:
	ir sullent nit lenger leben, daz ist war,
	dan zwene dage und ein halp jar,
	so wil ich uch bede nemelich
	furen in daz frone himelrich.'
3920	do begap sich der Grawe Roc,
	daz sagen ich uch, daz weiz got,
	do begap sich ouch frouw Bride,
	die schonste ob allen wiben,
	do begap sich meister Ise,
3925	ein herzoge here und wise,
	do begap sich herzoge Achille,
	er *det ez* durch godes willen.
	uber die zwene dage und daz halbe jar,
	daz saget uns daz buch vorwar,
3930	die engel von dem himel quament,
	die vier sele sie do namen
	und furten sie nemelich
	zu gode in sin frone himelrich.

Marginal line numbers (right): 3870, 3875, 3880, 3885, 3890

3910 Vnd an *H*. 3911 Einen e. er vor jm s. *H*, kam aber der Enngel *P*. 3912 h. *fehlt H*, h. es k. *D*, *vgl*. 1837, 1937, 2884. 3914 schlakt *H*, geschlachten lieb *D*. 3915 Br. nit s. pflegen hie *D*. 3916 nit me *H*, nicht lenger *P*. 3917 halbs *H*. 3918 ich *fehlt H*. 3920 So *D*. 3921 Das wissent on allen spot *H*. 3922 o. *fehlt H*. 3923 sch. aller wibe *H*. 3927 Er wolt dem grab dienen d. *D*, Er diente dem grab um G. *H*, *vgl*. 3481, 3511. 3928 uber *fehlt D*. 3929 *fehlt H*. 3930 koment dar *H*. 3931 *fehlt H*, namen die lieben seelen *P*. 3932 die n. *D*. 3933 Für g. *D*, in das *H*.

Also hat daz buch ein ende.
3935   got uns sinen heiligen engel sende.
und laz uns nit ersterben,
du*ne* last uns vor dinen [heiligen] fronlichnam
werden.   3895

3934—37 Hie hat der Grog Rock ein ende Got uns von
sünden wende Das helff uns aller meist Got vatter sun und
heiliger geist *H*.